87

LA LÉGENDE

DES SIÈCLES

—

NOUVELLE SÉRIE

TOME II

VICTOR HUGO

LA LÉGENDE

DES SIÈCLES

NOUVELLE SÉRIE

TOME II

Cinquième édition.

PARIS

CALMANN LÉVY, ÉDITEUR

ANCIENNE MAISON MICHEL LÉVY FRÈRES

M DCCC LXXVII

Tous droits réservés.

XI

L'ÉPOPÉE DU VER

L'ÉPOPÉE DU VER

*

Au fond de la poussière inévitable, un être
Rampe, et souffle un miasme ignoré qui pénètre
    L'homme de toutes parts,
Qui noircit l'aube, éteint le feu, sèche la tige,
Et qui suffit pour faire avorter le prodige
    Dans la nature épars.

Le monde est sur cet être et l'a dans sa racine,
Et cet être, c'est moi. Je suis. Tout m'avoisine.
   Dieu me paie un tribut.
Vivez. Rien ne fléchit le ver incorruptible.
Hommes, tendez vos arcs ; quelle que soit la cible,
   C'est moi qui suis le but.

O vivants, je l'avoue, on voit des hommes rire.
Plus d'une barque vogue avec un bruit de lyre ;
   On est prince et seigneur ;
Le lit nuptial brille, on s'aime, on se le jure,
L'enfant naît, les époux sont beaux ; — j'ai pour dorure
   Ce qu'on nomme bonheur.

Je mords Socrate, Eschyle, Homère, après l'envie.
Je mords l'aigle. Le bout visible de la vie
   Est à tous et partout,
Et quand au mois de mai le rouge-gorge chante,
Ce qui fait que Satan rit dans l'ombre méchante,
   C'est que j'ai l'autre bout.

Je suis l'Inconnu noir qui, plus bas que la bête,
Remplit tout ce qui marche au-dessus de sa tête
    D'angoisse et de terreur ;
La preuve d'Alecton pareille à Cléopâtre,
De la pourpre identique au haillon, et du pâtre
    Égal à l'empereur.

Je suis l'extinction du flambeau, toujours prête.
Il suffit qu'un tyran pense à moi dans la fête
    Où les rois sont assis,
Pour que sa volupté, sa gaîté, sa débauche,
Devienne on ne sait quoi de lugubre où s'ébauche
    La pâle Némésis.

Je ne me laisse point oublier des satrapes ;
La nuit, lascifs, leur main touche à toutes les grappes
    Du plaisir hasardeux,
Et, pendant que leurs sens dans l'extase frémissent,
Des apparitions de méduses blêmissent
    La voûte au-dessus d'eux.

Je suis le créancier. L'échéance m'est due.
J'ai, comme l'araignée, une toile tendue.
   Tout l'univers, c'est peu.
Le fil imperceptible et noir que je dévide
Ferait l'aurore veuve et l'immensité vide
   S'il allait jusqu'à Dieu.

J'attends. L'obscurité sinistre me rend compte.
Le capitaine armé de son sceptre, l'archonte,
   Le grave amphictyon,
L'augure, le poëte étoilé, le prophète,
Tristes, songent à moi, cette vie étant faite
   De disparition.

Le visir sous son dais, le marchand sur son âne,
Familles et tribus, les seigneurs d'Ecbatane
   Et les chefs de l'Indus
Passent, et seul je sais dans quelle ombre est conduite
Cette prodigieuse et misérable fuite
   Des vivants éperdus.

Brillez, cieux. Vis, nature. O printemps, fais des roses.
Rayonnez, papillons, dans les métamorphoses.
    Que le matin est pur !
Et comme les chansons des oiseaux sont charmantes,
Au-dessus des amants, au-dessus des amantes,
    Dans le profond azur !

*

Quand, sous terre rampant, j'entre dans Babylone,
Dans Tyr qui porte Ammon sur son double pylone,
    Dans Suze où l'aube luit,
Lorsqu'entendant chanter les hommes, je me glisse,
Invisible, caché, muet, dans leur délice,
    Leur triomphe et leur bruit,

Quoique l'épaisseur vaste et pesante me couvre,
Quoique la profondeur, qui jamais ne s'entr'ouvre,
    Morne et sans mouvement,
Me cache à tous les yeux dans son horreur tranquille,
Tout, quel que soit le lieu, quelle que soit la ville,
    Quel que soit le moment,

Tout, Vesta comme Églé, Zénon comme Épicure,
A le tressaillement de ma présence obscure;
    On a froid, on a peur;
L'un frémit dans son faste et l'autre dans ses crimes,
Et l'on sent dans l'orgueil démesuré des cimes
    Une vague stupeur;

Et le Vatican tremble avec le Capitole,
Et le roi sur le trône, et sur l'autel l'idole,
    Et Moloch et Sylla
Frissonnent, et le mage épouvanté contemple,
Sitôt que le palais a dit tout bas au temple :
    Le ver de terre est là !

*

Je suis le niveleur des frontons et des dômes;
Le dernier lit où vont se coucher les Sodomes
    Est arrangé par moi;
Je suis fourmillement et je suis solitude;
Je suis sous le blasphème et sous la certitude,
    Et derrière Pourquoi.

Nul dogme n'oserait affronter ma réponse.
Laïs pour moi se frotte avec la pierre ponce.
   Je fais parler Pyrrhon,
La guerre crie, enrôle, ameute, hurle, vole,
Et je suis dans sa bouche alors que cette folle
   Souffle dans son clairon.

Je suis l'intérieur du prêtre en robe blanche,
Je bave dans cette âme où la vérité penche ;
   Quand il parle, je mens.
Le destin, labyrinthe, aboutit à ma fosse.
Je suis dans l'espérance et dans la femme grosse,
   Et, rois, dans vos serments.

Quel sommeil effrayant, la vie ! En proie, en butte
A des combinaisons de triomphe ou de chute,
   Passifs, engourdis, sourds,
Les hommes, occupés d'objets qui se transforment,
Sont hagards, et devraient s'apercevoir qu'ils dorment,
   Puisqu'ils rêvent toujours !

J'ai pour l'ambitieux les sept couleurs du prisme.
C'est moi que le tyran trouve en son despotisme
      Après qu'il l'a vomi.
Je l'éveille, sitôt sa colère rugie.
Qu'est la méchanceté? C'est de la léthargie;
      Dieu dans l'âme endormi.

*

Hommes, riez. La chute adhère à l'apogée.
L'écume manquerait à la nef submergée,
      L'éclat au diamant,
La neige à l'Athos, l'ombre aux loups, avant qu'on voie
Manquer la confiance et l'audace et la joie
      A votre aveuglement.

L'éventrement des monts de jaspe et de porphyre
A bâtir vos palais peut à peine suffire,
      Larves sans lendemain!
Vous avez trop d'autels. Vos sociétés folles
Meurent presque toujours par un excès d'idoles
      Chargeant l'esprit humain.

Qu'est la religion? L'abîme et ses fumées.
Les simulacres noirs flottant sous les ramées
    Des bois insidieux,
La contemplation de l'ombre, les passages
De la nue au-dessus du front pensif des sages,
    Ont créé tous vos dieux.

Vos prêtres insensés chargent Satan lui-même
D'un dogme et d'un devoir, lui le monstre suprême,
    Lui la rébellion !
Ils en font leur bourreau, leur morne auxiliaire,
Sans même s'informer si cette muselière
    Convient à ce lion.

Pour aller jusqu'à Dieu dans l'infini, les cultes,
Les religions, l'Inde et ses livres occultes
    Par Hermès copiés,
Offrent leurs points d'appui, leurs rites, leurs prières,
Leurs dogmes, comme un gué montre à fleur d'eau des pierres
    Où l'on pose ses pieds.

Songes vains ! Les Védas trompent leurs clientèles,
Car les religions sont des choses mortelles
    Qu'emporte un vent d'hiver ;
Hommes, comme sur vous sur elles je me traîne ;
Et, pour ronger l'autel, Dieu n'a pas pris la peine
    De faire un autre ver.

*

Je suis dans l'enfant mort, dans l'amante quittée,
Dans le veuvage prompt à rire, dans l'athée,
    Dans tous les noirs oublis.
Toutes les voluptés sont pour moi fraternelles.
C'est moi que le fakir voit sortir des prunelles
    Du vague spectre Iblis.

Mon œil guette à travers les fêlures des urnes.
Je vois vers les gibets voler les becs nocturnes
    Quêtant un noir lambeau.
Je suis le roi muré. J'habite le décombre.
La mort me regardait quand d'une goutte d'ombre
    Elle fit le corbeau.

Je suis. Vous n'êtes pas, feu des yeux, sang des veines,
Parfum des fleurs, granit des tours, ô fiertés vaines !
        Tout d'avance est pleuré.
On m'extermine en vain, je renais sous ma voûte ;
Le pied qui m'écrasa peut poursuivre sa route,
        Je le dévorerai.

J'atteins tout ce qui vole et court. L'argiraspide
Ne peut me fuir, eût-il un cheval plus rapide
        Que l'oiseau de Vénus ;
Je ne suis pas plus loin des chars qui s'accélèrent
Que du cachot massif où des lueurs éclairent
        De sombres torses nus.

        *

Un peuple s'enfle et meurt comme un flot sur la grève.
Dès que l'homme a construit une cité, le glaive
        Vient et la démolit ;
Ce qui résiste au fer croule dans les délices ;
Pour te tuer, ô Rome, Octave a les supplices,
        Messaline a son lit.

Tout ici-bas perd pied, se renverse, trébuche,
Et partout l'homme tombe, étant sa propre embûche ;
      Partout l'humanité
Se lève dans l'orgueil et dans l'orgueil se couche ;
Et le manteau de poil du prophète farouche
      Est plein de vanité.

Puisque ce sombre orgueil s'accroît toujours et monte,
Puisque Tibère est Dieu, puisque Rome sans honte
      Lui chante un vil pœan,
Puisque l'austérité des Burrhus se croit vierge,
Puisqu'il est des Xercès qui prennent une verge
      Et fouettent l'Océan,

Il faut bien que le ver soit là pour l'équilibre.
Ce que le Nil, l'Euphrate et le Gange et le Tibre
      Roulent avec leur eau,
C'est le reflet d'un tas de villes inouïes
Faites de marbre et d'or, plus vite évanouies
      Que la fleur du sureau.

Fétide, abject, je rends les majestés pensives.
Je mords la bouche, et quand j'ai rongé les gencives,
  Je dévore les dents.
Oh! ce serait vraiment dans la nature entière
Trop de faste, de bruit, d'emphase et de lumière,
  Si je n'étais dedans!

Le néant et l'orgueil sont de la même espèce.
Je les distingue peu lorsque je les dépèce.
  J'erre éternellement
Dans une obscurité d'horreur et d'anathème,
Redoutable brouillard dont Satan n'est lui-même
  Qu'un épaississement.

*

Tout me sert. Glaive et soc, et sagesse et délire.
De tout temps la trompette a combattu la lyre;
  C'est le double éperon,
C'est la double fanfare aux forces infinies;
Le prodige jaillit de ce choc d'harmonies;
  Luttez, lyre et clairon.

Lyre, enfante la paix. Clairon, produis la guerre.
Mettez en mouvement cette tourbe vulgaire
      Des camps et des cités;
Luttez; poussez les uns aux batailles altières,
Les autres aux moissons, et tous aux cimetières;
      Lyre et clairon, chantez!

Chantez! le marbre entend. La pierre n'est pas sourde,
Les tours sentent frémir leur dalle la plus lourde,
      Le bloc est remué,
Le créneau cède au chant qui passe par bouffée,
Et le mur tressaillant qui naît devant Orphée,
      Meurt devant Josué.

      *

Tout périt. C'est pour moi, dernière créature,
Que travaille l'effort de toute la nature.
      Le lys prêt à fleurir,
La mésange au printemps qui dans son nid repose,
Et qui sent l'œuf, cassé par un petit bec rose,
      Sous elle s'entr'ouvrir,

L'ÉPOPÉE DU VER.

Les Moïses emplis d'une puissance telle
Que le peuple, écoutant leur parole immortelle
    Au pied du mont fumant,
Leur trouve une lueur de plus en plus étrange,
Tremble, et croit derrière eux voir deux ailes d'archange
    Grandir confusément,

Les passants, le despote aveugle et sans limites,
Les rois sages avec leurs trois cents sulamites,
    Les pâles inconnus,
L'usurier froid, l'archer habile aux escarmouches,
Les cultes et les dieux plus nombreux que les mouches
    Dans les joncs du Cydnus,

Tout m'appartient. A moi symboles, mœurs, images
A moi ce monde affreux de bourreaux et de mages
    Qui passe, groupe noir,
Sur qui l'ombre commence à tomber, que Dieu marque
Qu'un vent pousse, et qui semble une farouche barque
    De pirates le soir.

A moi la courtisane! à moi le cénobite!
Dieu me fait Sésostris afin que je l'habite.
    En arrière, en avant,
A moi tout! à toute heure, et qu'on entre ou qu'on sorte!
Ma morsure, qui va finir à Phryné morte,
    Commence à Job vivant.

A moi le condamné dans sa lugubre loge!
Il regarde effaré les pas que fait l'horloge;
    Et, quoiqu'en son ennui
La Mort soit invisible à ses fixes prunelles,
A d'obscurs battements il sent d'horribles ailes
    Qui s'approchent de lui.

Rhode est fière, Chéops est grande, Éphèse est rare.
Le Mausolée est beau, le Dieu tonne, le Phare
    Sauve les mâts penchés,
Babylone suspend dans l'air les fleurs vermeilles,
Et c'est pour moi que l'homme a créé sept merveilles,
    Et Satan sept péchés.

A moi la vierge en fleur qui rit et se dérobe,
Fuit, passe les ruisseaux, et relève sa robe
    Dans les prés ingénus!
A moi les cris, les chants, la gaîté qui redouble!
A moi l'adolescent qui regarde avec trouble
    La blancheur des pieds nus!

Rois, je me roule en cercle et je suis la couronne;
Buveurs, je suis la soif; murs, je suis la colonne;
    Docteurs, je suis la loi;
Multipliez les jeux et les épithalames,
Les soldats sur vos tours, dans vos sérails les femmes;
    Faites, j'en ai l'emploi.

Sage ici-bas celui qui pense à moi sans cesse!
Celui qui pense à moi vit calme et sans bassesse;
    Juste, il craint le remord;
Sous son toit frêle il songe aux maisons insondables;
Il voit de la lumière aux deux trous formidables
    De la tête de mort.

Votre prospérité n'est que ma patience.
Hommes, la volonté, la raison, la science,
    Tentent; seul j'accomplis.
Toute chose qu'on donne est à moi seul donnée.
Il n'est pas de fortune et pas de destinée
    Qui ne m'ait dans ses plis.

Le héros qui, dictant des ordres à l'histoire,
Croit laisser sur sa tombe un nuage de gloire,
    N'est sûr que de moi seul.
C'est à cause de moi que l'homme désespère.
Je regarde le fils naître, et j'attends le père
    En dévorant l'aïeul.

Je suis l'être final. Je suis dans tout. Je ronge
Le dessous de la joie, et quel que soit le songe
    Que les poëtes font,
J'en suis; et l'hippogriffe ailé me porte en croupe;
Quand Horace en riant te fait boire à sa coupe,
    Chloé, je suis au fond.

La dénudation absolue et complète,
C'est moi. J'ôte la force aux muscles de l'athlète ;
  Je creuse la beauté ;
Je détruis l'apparence et les métamorphoses ;
C'est moi qui maintiens nue, au fond du puits des choses,
  L'auguste vérité.

Où donc les conquérants vont-ils? mes yeux les suivent.
A qui sont-ils? à moi. L'heure vient; ils m'arrivent,
  Découronnés, pâlis,
Et tous je les dépouille, et tous je les mutile,
Depuis Cyrus vainqueur de Tyr jusqu'à Bathylle
  Vainqueur d'Amaryllis.

Le semeur me prodigue au champ qu'il ensemence.
Tout en achevant l'être expiré, je commence
  L'être encor jeune et beau.
Ce que Fausta, troublée en sa pensée aride,
Voit dans le miroir pâle où s'ébauche une ride,
  C'est un peu de tombeau.

Toute ivresse m'aura dans sa dernière goutte ;
Et sur le trône il n'est rien à quoi je ne goûte.
      Les Trajans, les Nérons
Sont à moi, honte et gloire, et la fange est épaisse
Et l'or est rayonnant pour que je m'en repaisse.
      Tout marche ; j'interromps.

J'habite Ombos, j'habite Élis, j'habite Rome.
J'allonge mes anneaux dans la grandeur de l'homme ;
      J'ai l'empire et l'exil ;
C'est moi que les puissants et les forts représentent ;
En ébranlant les cieux, les Jupiters me sentent
      Ramper dans leur sourcil.

Je prends l'homme, ébauche humble et tremblante qui pleure,
Le nerf qui souffre, l'œil qu'en vain le jour effleure,
      Le crâne où dort l'esprit,
Le cœur d'où sort le sang ainsi qu'une couleuvre,
La chair, l'amour, la vie, et j'en fais un chef-d'œuvre,
      Le squelette qui rit.

*

L'eau n'a qu'un bruit; l'azur n'a que son coup de foudre ;
Le juge n'a qu'un mot, punir, ou bien absoudre;
    L'arbre n'a que son fruit;
L'ouragan se fatigue à de vaines huées,
Et n'a qu'une épaisseur quelconque de nuées;
    Moi, j'ai l'énorme nuit.

L'Etna n'est qu'un charbon que creuse un peu de soufre;
L'erreur de l'Océan, c'est de se croire un gouffre;
    Je dirai : C'est profond
Quand vous me trouverez un précipice, un piége,
Où l'univers sera comme un flocon de neige
    Qui décroît et qui fond.

Quoique l'enfer soit triste, et quoique la géhenne,
Sans pitié, redoutable aux hommes pleins de haine,
    Ouverte au-dessous d'eux,
Soit étrange et farouche, et quoiqu'elle ait en elle
Les immenses cheveux de la flamme éternelle,
    Qu'agite un vent hideux,

Le néant est plus morne encor, la cendre est pire
Que la braise, et le lieu muet où tout expire
  Est plus noir que l'enfer ;
Le flamboiement est pourpre et la fournaise montre ;
Moi je bave et j'éteins. L'hydre est une rencontre
  Moins sombre que le ver.

Je suis l'unique effroi. L'Afrique et ses rivages
Pleins du barrissement des éléphants sauvages,
  Magog, Thor, Adrasté,
Sont vains auprès de moi. Tout n'est qu'une surface
Qui sert à me couvrir. Mon nom est Fin. J'efface
  La possibilité.

J'abolis aujourd'hui, demain, hier. Je dépouille
Les âmes de leur corps ainsi que d'une rouille ;
  Et je fais à jamais
De tout ce que je tiens disparaître le nombre
Et l'espace et le temps, par la quantité d'ombre
  Et d'horreur que j'y mets.

Amant désespéré, tu frappes à ma porte,
Redemandant ton bien et ta maîtresse morte,
  Et la chair de ta chair,
Celle dont chaque nuit tu dénouais les tresses,
Plus fier, plus éperdu, plus ivre en ses caresses
  Que l'aigle au vent de mer.

Tu dis : « — Je la veux ! Terre et cieux, je la réclame !
Le jour où je la vis, je crus voir une flamme.
  Viens, dit-elle. Je vins.
Sa jeune taille était plus souple que l'acanthe ;
Elle errait éblouie, idéale bacchante,
  Sous des pampres divins.

« Son cœur fut si profond que j'y perdis mon âme.
Je l'aimais ! Quand le soir, les yeux de cette femme
  Au front pur, au sein nu,
Me regardaient, pensifs, clairs, à travers ses boucles,
Je croyais voir briller les vagues escarboucles
  D'un abîme inconnu.

« C'est elle qui prenait ma tête en ses mains blanches !
Elle qui me chantait des chansons sous les branches,
    Des chansons dans les bois,
Si douces qu'on voyait sur l'eau rêver le cygne,
Et que les dieux là-haut se faisaient entr'eux signe
    D'écouter cette voix !

« Elle est morte au milieu d'une nuit de délices...
Elle était le printemps, ouvrant de frais calices ;
    Elle était l'Orient ;
Gaie, elle ressemblait à tout ce qu'on désire ;
L'esquif, entrant dès l'aube au golfe de Nisyre,
    N'est pas plus souriant.

« Elle était la plus belle et la plus douce chose !
Son âme était le lys, son corps était la rose ;
    Son chant chassait les pleurs ;
Nue, elle était Déesse, et, Vierge sous ses voiles ;
Elle avait le parfum que n'ont pas les étoiles,
    L'éclair qui manque aux fleurs.

« Elle était la lumière et la grâce ; je l'aime !
Je la veux ! ô transports ! ô volupté suprême !
O regrets déchirants !... » —
Voilà huit jours qu'elle est dans mon ombre farouche ;
Si tu veux lui donner un baiser sur la bouche,
Prends-la, je te la rends !

Reprends ce corps, reprends ce sein, reprends ces lèvres ;
Cherches-y ton plaisir, ton extase, tes fièvres ;
Je la rends à tes vœux ;
Viens, tu peux, pour ta joie et tes jeux et tes fautes,
La reprendre, pourvu seulement que tu m'ôtes
De ses sombres cheveux.

Nous rions, l'ombre et moi, de tout ce qui vous navre,
Nous avons, nous aussi, notre fleur, le cadavre ;
La femme au front charmant,
Blanche, embaumant l'alcôve et parfumant la table,
Se transforme en ma nuit... — Viens voir quel formidable
Épanouissement !

Cette rose du fond du tombeau, viens la prendre,
Je te la rends. Reprends, jeune homme, dans ma cendre,
    Dans mon fatal sillon,
Cette fleur où ma bave épouvantable brille,
Et qui, pâle, a le ver du cercueil pour chenille,
    L'âme pour papillon.

Elle est morte, — et c'est là ta poignante pensée, —
Au moment le plus doux d'une nuit insensée ;
    Eh bien, tu n'es plus seul,
Reprends-la; ce lit froid vaut bien ton lit frivole;
Entre; et toi qui riais de la chemise folle,
    Viens braver le linceul.

Elle t'attend, levant son crâne où l'œil se creuse,
T'offrant sa main verdie et sa hanche terreuse,
    Son flanc, mon noir séjour...
Viens, couvrant de baisers son vague rire horrible,
Dans ce commencement d'éternité terrible
    Finir ta nuit d'amour!

*

O vie universelle, où donc est ton dictame ?
Qu'est-ce que ton baiser ? un léchement de flamme.
      Le cœur humain veut tout,
Prend tout, l'or, le plaisir, le ciel bleu, l'herbe verte...
Et dans l'éternité sinistrement ouverte
      Se vide tout à coup.

La vie est une joie où le meurtre fourmille,
Et la création se dévore en famille.
      Baal dévore Pan.
L'arbre, s'il le pouvait, épuiserait la séve ;
Léviathan, bâillant dans les ténèbres, rêve
      D'engloutir l'Océan ;

L'onagre est au boa qui glisse et l'enveloppe ;
Le lynx tacheté saute et saisit l'antilope ;
      La rouille use le fer ;
La mort du grand lion est la fête des mouches ;
On voit sous l'eau s'ouvrir confusément les bouches
      Des bêtes de la mer ;

Le crocodile affreux, dont le Nil cache l'antre,
Et qui laisse aux roseaux la marque de son ventre,
  A peur de l'ichneumon ;
L'hirondelle devant le gypaète émigre ;
Le colibri, sitôt qu'il a faim, devient tigre ;
  L'oiseau-mouche est démon.

Le volcan, c'est le feu chez lui, tyran et maître,
Mâchant les durs rochers, féroce et parfois traître,
  Tel qu'un sombre empereur,
Essuyant la fumée à sa bouche rougie,
Et son cratère enflé de lave est une orgie
  De flammes en fureur ;

La louve est sur l'agneau comme l'agneau sur l'herbe ;
Le pâle genre humain n'est qu'une grande gerbe
  De peuples pour les rois ;
Avril donne aux fleurs l'ambre et la rosée aux plantes
Pour l'assouvissement des abeilles volantes
  Dans la lueur des bois ;

De toutes parts on broute, on veut vivre, on dévore,
L'ours dans la neige horrible et l'oiseau dans l'aurore;
  C'est l'ivresse et la loi.
Le monde est un festin. Je mange les convives.
L'océan a des bords, ma faim n'a pas de rives;
  Et le gouffre, c'est moi.

Vautour, qu'apportes-tu ? — Les morts de la mêlée,
Les morts des camps, les morts de la ville brûlée,
  Et le chef rayonnant. —
C'est bien, donne le sang, vautour; donne la cendre,
Donne les légions, c'est bien; donne Alexandre,
  C'est bien. Toi maintenant!

Le miracle hideux, le prodige sublime,
C'est que l'atome soit en même temps l'abîme;
  Tout d'en haut m'est jeté;
Je suis d'autant plus grand que je suis plus immonde;
Et l'amoindrissement formidable du monde
  Fait mon énormité.

☆

Fouillez la mort. Fouillez l'écroulement terrible.
Que trouvez-vous? L'insecte. Et, quoique ayant la bible
  Quoique ayant le koran,
Je ne suis rien qu'un ver. O vivants, c'est peut-être
Parce que je suis fait des croyances du prêtre,
  Des splendeurs du tyran,

C'est parce qu'en ma nuit j'ai mangé vos victoires,
C'est parce que je suis composé de vos gloires
  Dont l'éclat retentit,
De toutes vos fiertés, de toutes vos durées,
De toutes vos grandeurs, tour à tour dévorées,
  Que je reste petit.

Qu'est-ce que l'univers? Qu'est-ce que le mystère?
Une table sans fin servie au ver de terre;
  Le nain partout béant;
Un engloutissement du géant par l'atome;
Tout lentement rongé par Rien; et le fantôme
  Créé par le néant.

*

L'épouvante m'adore, et, ver, j'ai des pontifes.
Mon spectre prend une aile et mon aile a des griffes.
      Vil, infect, chassieux,
Chétif, je me dilate en une immense forme,
Je plane, et par moments, chauve-souris énorme,
      J'enveloppe les cieux.

*

Dieu qui m'avez fait ver, je vous ferai fumée.
Si je ne puis toucher votre essence innommée,
      Je puis ronger du moins
L'amour dans l'homme, et l'astre au fond du ciel livide,
Dieu jaloux, et, faisant autour de vous le vide,
      Vous ôter vos témoins.

Parce que l'astre luit, l'homme aurait tort de croire
Que le ver du tombeau n'atteint pas cette gloire ;
      Hors moi, rien n'est réel ;
Le ver est sous l'azur comme il est sous le marbre ;
Je mords, en même temps que la pomme sur l'arbre,
      L'étoile dans le ciel.

L'astre à ronger là-haut n'est pas plus difficile
Que la grappe pendante aux pampres de Sicile ;
      J'abrége les rayons ;
L'éternité n'est point aux splendeurs complaisante ;
La mouche, la fourmi, tout meurt, et rien n'exempte
      Les constellations.

Il faut, dans l'océan d'en haut, que le navire
Fait d'étoiles s'entr'ouvre à la fin, et chavire ;
      Saturne au large anneau
Chancelle, et Sirius subit ma sombre attaque,
Comme l'humble bateau qui va du port d'Ithaque
      Au port de Calymno.

Il est dans le ciel noir des mondes plus malades
Que la barque au radoub sur un quai des Cyclades ;
  L'abîme est un tyran ;
Arcturus dans l'éther cherche en vain une digue ;
La navigation de l'infini fatigue
  Le vaste Aldebaran.

Les lunes sont, au fond de l'azur, des cadavres ;
On voit des globes morts dans les célestes havres
  Là-haut se dérober ;
La comète est un monde éventré dans les ombres
Qui se traîne, laissant de ses entrailles sombres
  Sa lumière tomber.

Regardez l'abbadir et voyez le bolide ;
L'un tombe, et l'autre meurt ; le ciel n'est pas solide ;
  L'ombre a d'affreux recoins ;
Le point du jour blanchit les fentes de l'espace,
Et semble la lueur d'une lampe qui passe
  Entre des ais mal joints.

Le monde, avec ses feux, ses chants, ses harmonies,
N'est qu'une éclosion immense d'agonies
    Sous le bleu firmament,
Un pêle-mêle obscur de souffles et de râles,
Et de choses de nuit, vaguement sépulcrales,
    Qui flottent un moment.

Dieu subit ma présence; il en est incurable.
Toute forme créée, ô nuit, est peu durable.
    O nuit, tout est pour nous ;
Tout m'appartient, tout vient à moi, gloire guerrière,
Force, puissance et joie, et même la prière,
    Puisque j'ai ses genoux.

La démolition, voilà mon diamètre.
Le zodiaque ardent, que Rhamsès a beau mettre
    Sur son sanglant écu,
Craint le ver du sépulcre, et l'aube est ma sujette;
L'escarboucle est ma proie, et le soleil me jette
    Des regards de vaincu.   —

L'univers magnifique et lugubre a deux cimes.
O vivants, à ses deux extrémités sublimes,
  Qui sont aurore et nuit,
La création triste, aux entrailles profondes,
Porte deux Tout-puissants, le Dieu qui fait les mondes,
  Le ver qui les détruit.

XII

LE POËTE AU VER DE TERRE

LE POËTE AU VER DE TERRE.

———

Non, tu n'as pas tout, monstre! et tu ne prends point l'âme.
Cette fleur n'a jamais subi ta bave infâme.
Tu peux détruire un monde et non souiller Caton.
Tu fais dire à Pyrrhon farouche : Que sait-on?
Et c'est tout. Au-dessus de ton hideux carnage
Le prodigieux cœur du prophète surnage;

Son char est fait d'éclairs ; tu n'en mords pas l'essieu,
Tu te vantes. Tu n'es que l'envieux de Dieu.
Tu n'es que la fureur de l'impuissance noire.
L'envie est dans le fruit, le ver est dans la gloire.
Soit. Vivons et pensons, nous qui sommes l'Esprit.
Toi, rampe. Sois l'atome effrayant qui flétrit
Et qui ronge, et qui fait que tout ment sur la terre,
Mets cette tromperie au fond du grand mystère,
Le néant, sois le nain qui croit être le roi,
Serpente dans la vie auguste, glisse-toi,
Pour la faire avorter, dans la promesse immense ;
Ton lâche effort finit où le réel commence,
Et le juste, le vrai, la vertu, la raison,
L'esprit pur, le cœur droit, bravent ta trahison.
Tu n'es que le mangeur de l'abjecte matière.
La vie incorruptible est hors de ta frontière ;
Les âmes vont s'aimer au-dessus de la mort ;
Tu n'y peux rien. Tu n'es que la haine qui mord.
Rien tâchant d'être Tout, c'est toi. Ta sombre sphère
C'est la négation, et tu n'es bon qu'à faire
Frissonner les penseurs qui sondent le ciel bleu
Indignés, puisqu'un ver s'ose égaler à Dieu,
Puisque l'ombre atteint l'astre, et puisqu'une loi vile
Sur l'Homère éternel met l'éternel Zoïle.

XIII

CLARTÉ D'AMES

CLARTÉ D'AMES.

———

Sait-on si ce n'est pas de la clarté qui sort
Du cerveau des songeurs sacrés, creusant le sort,
La vie et l'inconnu, travailleurs de l'abîme?
Voici ce que j'ai vu dans une nuit sublime :

Cette nuit-là pas une étoile ne brillait;

C'était au mois d'Eglad que nous nommons juillet;
Et sous l'azur noir, face immense du mystère,
Dans tous les lieux déserts qui sont sur cette terre,
Forêts, plages, ravins, caps où rien ne fleurit,
Les solitaires, ceux qui vivent par l'esprit,
Sondant l'éternité, l'âme, le temps, le nombre,
Effarés et sereins, étaient épars dans l'ombre;
L'un en Europe; l'autre en Inde, où, dans les bois
Cachant ses jeunes faons, la gazelle aux abois
Attend pour s'endormir que le lion s'endorme;
Un autre dans l'horreur de l'Afrique difforme.
Tous ces hommes avaient l'idéal pour objet;
Et chacun d'eux était dans son antre et songeait.
Ces prophètes étaient frères sans se connaître;
Pas un d'eux ne savait, isolé dans son être
Et sa pensée ainsi qu'un roi dans son État,
Que quelqu'un de semblable à lui-même existât;
Ils veillaient, et chacun se croyait seul au monde;
Aucun lien entre eux que l'énigme profonde
Et la recherche obscure et terrible de Dieu.
Ils pensaient; l'infini sans borne et sans milieu
Pesait sur eux; pas un qui de la solitude
N'eût la mystérieuse et sinistre attitude;
Pourtant ils étaient doux ces hommes effrayants.

Sphar était attentif aux nuages fuyants;
Stélus laissait, du fond des mers, du bord des grèves,

Du haut des cieux, venir à lui les vastes rêves ;
Pythagore disait : Dieu ! fais ce que tu dois !
Thur regardait l'abîme et comptait sur ses doigts ;
Sadoch rêvait l'éden, ayant pour lit des pierres ;
Zès, qui n'ouvrait jamais qu'à demi les paupières,
Contemplait cette chose implacable, la nuit ;
Sadoch guettait l'autre être insondable, le bruit ;
Sostrate étudiait, dans l'eau qu'un souffle mène,
Dans la fumée et l'air, la destinée humaine ;
Lycurgue, formidable et pâle, méditait ;
Eschyle était semblable au rocher qui se tait,
Et tournait vers l'Etna fumant son grand front chauve ;
Isaïe, habitant d'un sépulcre, esprit fauve,
Adressait la parole à ceux qui ne sont plus ;
Comme Isaïe, un sage, un fou, Phégorbélus
Parlait dans la nuée aux faces invisibles,
Et disait, feuilletant on ne sait quelles bibles :
— Je parle, et ne sais pas si je suis écouté ;
Les spectres plus nombreux que les mouches d'été
M'entourent, et sur moi se précipite et tombe
La légion de ceux qui rêvent dans la tombe ;
On me hait dans le monde étrange de la mort ;
Je sens parfois, la nuit, un rêve qui me mord,
Et les êtres de l'ombre, essaim, foule inconnue,
M'attaquent quand je dors ; pourtant je continue,
Et je cherche à savoir le grand secret caché
Qu'Ève devina presque et qu'entrevit Psyché. —
Orobanchus, gardien de l'autel des Trois Grâces,

Maudissait vaguement les casques, les cuirasses
Et les glaives, semeurs tragiques du trépas,
Et, sombre, murmurait : — Mortels, n'oubliez pas
Qu'Aglaé dans sa main tient un bouton de rose. —
Chacun recommandait à l'ombre quelque chose
De faible, le haillon, le chaume, le grabat ;
Phtès, les damnés sur qui trop de haine s'abat,
Hermanès, l'humble toit du lépreux sans défense,
Gyr le droit, et Lysis la vénérable enfance.
Tous voulaient secourir l'homme, et le protéger
Contre ce monstre obscur, l'innombrable danger ;
Tous calculaient le mal à fuir, le bien à faire.
La terre est sous les yeux du destin ; cette sphère
Semble être par quelqu'un confiée aux penseurs.

La nuit était immense, et dans ses épaisseurs
Tout sommeillait, les bois, les monts, les mers, les sables ;
Eux, ils ne dormaient point, étant les responsables.
Les heures s'écoulaient, la nuit passait ; mais rien,
Ni la faim, ni la soif, ni le vent syrien
Qui va des mers d'Adram jusqu'au Tibre de Rome,
Ne troublait ces esprits, souffrant des maux de l'homme ;
Ils avaient la révolte en eux, l'altier frisson
Que donne, à qui se sent des ailes, la prison ;
Chacun tâchait de rompre un anneau de la chaîne ;
Plus d'imposture ! plus de guerre ! plus de haine !
Il sortait de chacun de ces séditieux

Une sommation qui s'en allait aux cieux.
La vérité faisait, claire, auguste, insensée,
De chacun de ces fronts jaillir une pensée,
La justice, la paix, l'enfer amnistié.
Ces cerveaux lumineux dégageaient la pitié,
La bonté, le pardon aux vivants éphémères,
L'espérance, la joie et l'amour, des chimères,
Des rêves comme en font les astres, s'ils en font;
Cela se répandait sous le zénith profond;
Tous ces hommes étaient plongés dans les ténèbres;
Seuls et noirs, combinant les rhythmes, les algèbres,
Le chiffre avec le chant, le passé, le présent,
Ajoutant quelque chose à l'homme, agrandissant
La prunelle, l'esprit, la parole, l'ouïe,
Ils songeaient; et l'aurore apparut, éblouie.

XIV

LES CHUTES

FLEUVES ET POËTES

LES CHUTES

FLEUVES ET POËTES

—

Le grand Niagara s'écroule, le Rhin tombe ;
L'abîme monstrueux tâche d'être une tombe,
Il hait le géant fleuve, et dit : j'engloutirai.
Et le fleuve, pareil au lion attiré
Dans l'antre inattendu d'une hydre aux mille têtes,
Lutte avec tous ses cris et toutes ses tempêtes.

Quoi! la nature immense est donc un lieu peu sûr!
Il se cabre, il résiste au précipice obscur,
Bave et bouillonne, et blanc et noir comme le marbre,
Se cramponne aux rochers, se retient aux troncs d'arbre,
Penche, et comme frappé de malédiction,
Roule, ainsi que tournait l'éternel Ixion.
Tordu, brisé, vaincu, Dieu même étant complice, .
Le fleuve échevelé subit son dur supplice.
Le gouffre veut sa mort; mais l'effort des fléaux
Pour faire le néant, ne fait que le chaos;
L'affreux puits de l'enfer ouvre ses flancs funèbres,
Et rugit. Quel travail pour créer les ténèbres!
Il est l'envie, il est la rage, il est la nuit;
Et la destruction, voilà ce qu'il construit.
Pareil à la fumée au faîte du Vésuve,
Un nuage sinistre est sur l'énorme cuve,
Et cache le tourment du grand fleuve trahi.
Lui, le fécondateur, d'où vient qu'il est haï?
Qu'est-ce donc qu'il a fait aux bois, au mont sublime,
Aux prés verts, pour que tous le livrent à l'abîme?
Sa force, sa splendeur, sa beauté, sa bonté,
Croulent. Quel guet-apens et quelle lâcheté!
L'eau s'enfle comme l'outre où grondent les Borées,
Et l'horreur se disperse en voix désespérées;
Tout est chute, naufrage, engloutissement, nuit,
Et l'on dirait qu'un rire infâme est dans ce bruit;
Rien n'est épargné, rien ne vit, rien ne surnage;
Le fleuve se débat dans l'atroce engrenage,

Tombe, agonise, et jette au lointain firmament
Une longue rumeur d'évanouissement.
Tout à coup, au-dessus de ce chaos qui souffre,
Apparaît, composé de tout ce que le gouffre
A de hideux, d'hostile et de torrentiel,
Un éblouissement auguste, l'arc-en-ciel ;
Le piége est vil, la roche est traître, l'onde est noire,
Et tu sors de cette ombre épouvantable, ô gloire !

XV

LE CYCLE PYRÉNÉEN

GAIFFER-JORGE

DUC D'AQUITAINE

Au bas d'une muraille on ouvre une tranchée.
Les travailleurs, bras nus et la tête penchée,
Vont et viennent, fouillant dans l'obscur entonnoir ;
Sous la pioche, pareille au bec d'un oiseau noir,
Le rocher sonne, ainsi que le fer dans la forge ;
Dur labeur. Gaïffer, qu'on appelle aussi Jorge,

Fait creuser un fossé large et profond autour
De son donjon, palais de roi, nid de vautour,
Forteresse où ce duc, voisin de la tempête,
Habite, avec le cri des aigles sur sa tête ;
On éventre le mont, on défonce le champ ;
— Creusez ! creusez ! dit-il aux terrassiers, piochant
De l'aube jusqu'à l'heure où le soleil se couche,
Je veux faire à ma tour un fossé si farouche
Qu'un homme ait le vertige en regardant au fond. —
On creuse, et le travail que les ouvriers font
Trace au pied des hauts murs un tortueux cratère ;
Il descend chaque jour plus avant dans la terre ;
Un terrassier parfois dit : — Seigneur, est-ce assez?
Et Gaïffer répond : — Creusez toujours, creusez.
Je veux savoir sur quoi ma demeure est bâtie. —

Qu'est-ce que Gaïffer? La fauve dynastie
Qu'installa, sous un dais fait d'une peau de bœuf,
Le patrice Constance en quatre-cent-dix-neuf,
Reçut de Rome en fief la troisième Aquitaine.
Aujourd'hui Gaïffer en est le capitaine.
De Bayonne à Cahors son pouvoir est subi ;
Les huit peuples qui sont à l'orient d'Alby,
Les quatorze qui sont entre Loire et Garonne,
Sont comme les fleurons de sa fière couronne ;
Auch lui paie un tribut ; du Tursan au Marsan

Il reçoit un mouton de chaque paysan ;
Le Roc-Ferrat, ce mont où l'on trouve l'opale,
Saint-Sever sur l'Adour, Aire l'épiscopale,
Sont à lui ; son état touche aux deux océans ;
Le roi de France entend jusque dans Orléans
Le bruit de son épée aiguisée et fourbie
Aux montagnes d'Irun et de Fontarabie ;
Gaïffer a sa cour plénière de barons ;
La foule, autour de lui, se tait et les clairons
Font un sinistre éclat de triomphe et de fête ;
Au point du jour, sa tour, dont l'aube teint le faîte,
Noire en bas et vermeille en haut, semble un tison
Qu'un bras mystérieux lève sur l'horizon ;
Gaïffer-Jorge est prince, archer et chasseur d'hommes ;
On le trouve très-grand parmi ses majordomes,
Ses baillis font sonner sa gloire, et ses prévots
Sont plus qu'à Dieu le père à Gaïffer dévots.
Seulement, il a pris, pour élargir sa terre,
Aux infants d'Oloron leur ville héréditaire ;
Mais ces infants étaient de mauvaise santé,
Et si jeunes que c'est à peine, en vérité,
S'ils ont su qu'on changeait leur couronne en tonsure ;
De plus son amitié n'est pas toujours très-sûre ;
Il a, pour cent francs d'or, livré son maître Aymon
Au noir Miramolin, Hécuba-le-démon ;
Aymon, ce chevalier dont tout parlait naguère,
Avait instruit le duc Gaïffer dans la guerre,
Aymon était un fier et bon campéador,

Mais Gaïffer était sans le sou, cent francs d'or
Font cent mille tomans, et son trésor étique
Avait besoin d'un coup de grande politique;
Par la vente d'Aymon il a réalisé
De quoi pouvoir donner un tournoi, l'an passé,
Et bien vivre, et jeter l'argent par la fenêtre;
La grandeur veut le faste, il ne convient pas d'être
A la fois duc superbe et prince malaisé;
Enfin on dit qu'un soir il a, chasseur rusé,
Conduit, tout en riant, au fond d'une clairière,
Son frère Astolphe, et l'a poignardé par derrière;
Mais ils étaient jumeaux, Astolphe un jour pouvait
Prétendre au rang ducal dont Jorge se revêt,
Et pour la paix publique on peut tuer son frère.

Étançonner le sable, ôter l'argile, extraire
La brèche et le silex, et murer le talus,
C'est rude. Après les huit premiers jours révolus:
— Sire, ce fossé passe en profondeur moyenne
Tous ceux de Catalogne et tous ceux de Guyenne,
Dit le maître ouvrier, vieillard aux blancs cheveux.
— Creusez! répond le duc. Je vous l'ai dit. Je veux
Voir ce que j'ai sous moi dans la terre profonde. —
Huit jours encore on creuse, on sape, on fouille, on sonde;
Tout à coup on déterre une pierre, et, plus bas,
Un cadavre, et le nom sur le roc : Barabbas.

—Creusez, dit Jorge. — On creuse. Au bout d'une semaine
Une autre pierre avec une autre forme humaine
Perce l'ombre, affreux spectre au fond d'un trou hideux;
Et ce cadavre était le plus sombre des deux ;
Une corde à son cou rampait; une poignée
De drachmes d'or sortait de sa main décharnée;
Sur la pierre on lisait : Judas. — Creusez toujours !
Allez! creusez! cria le duc du haut des tours. —
Et le bruit du maçon que le maçon appelle
Recommença; la pioche et la hotte et la pelle
Plongèrent plus avant qu'aucun mineur ne va.
Après huit autres jours de travail, on trouva
Soudain, dans la nuit blême où rien n'a plus de forme,
Un squelette terrible, et sur son crâne énorme
Quatre lettres de feu traçaient ce mot : Caïn.
Les pâles fossoyeurs frémirent, et leur main
Laissa rouler l'outil dans l'obscurité vide;
Mais le duc apparaît, noir sur le ciel livide :
— Continuez, dit-il, penché sur le fossé,
Allez! — On obéit; et l'un d'eux s'est baissé,
Morne esclave, il reprend le pic pesant et frappe;
Et la roche sonna comme une chausse-trappe,
Au second coup la terre obscure retentit;
Du trou que fit la pioche une lueur sortit,
Lueur qui vint au front heurter la tour superbe,
Et fit, sur le talus, flamboyer les brins d'herbe
Comme un fourmillement de vipères de feu;
On la sentait venir de quelque horrible lieu;

Tout le donjon parut sanglant comme un mystère ;
— Allez ! dit Jorge. — Alors on entendit sous terre
Une lugubre voix qui disait : — Gaïffer,
Ne creuse point plus bas, tu trouverais l'enfer.

MASFERRER

I

Neuvième siècle. — Pyrénées.

C'est un funeste siècle et c'est un dur pays.
Oh! que d'Herculanums et que de Pompéis
Enfouis dans la cendre épaisse de l'histoire!
D'horribles rois sont là; la montagne en est noire.

Assistés au besoin par ceux du mont Ventoux,

Ceux-ci basques, ceux-là catalans, méchants tous,
Ils ont de leurs donjons couvert la chaîne entière;
Du pertuis de Biscaye au pas de l'Argentière,
La guerre gronde, ouvrant ses gueules de dragon
Sur toute la Navarre et sur tout l'Aragon;
Tout tremble; pas un coin de ravine où ne grince
La mâchoire d'un tigre ou la fureur d'un prince;
Ils sont maîtres des cols et maîtres des sommets.
Ces pays garderont leurs traces à jamais;
La tyrannie avec le fer du glaive creuse
Sur la terre sa forme et sa figure affreuse,
Là ses dents, là son pied monstrueux, là son poing;
Linéaments hideux qu'on n'effacera point,
Tant avec son épée impérieuse et dure
Chaque despote en fait profonde la gravure!
Or jamais ces vieux pics pleins de tours, exhaussés
De forts ayant le gouffre et la nuit pour fossés,
N'ont paru plus mauvais et plus haineux aux hommes
Que dans le siècle étrange et funèbre où nous sommes;
Ils se dressent, chaos de blocs démesurés;
Leur cime, par delà les vallons et les prés,
Guette, gêne et menace, à vingt ou trente lieues,
Les villes dont au loin on voit les flèches bleues;
De quelque chef de bande implacable et trompeur
Chacun d'eux est l'abri redouté; leur vapeur
Semble empoisonner l'air d'un miasme insalubre;
Ils sont la vision colossale et lugubre;
La neige et l'ombre font, dans leurs creux entonnoirs,

Des pans de linceuls blancs et des plis de draps noirs ;
L'eau des torrents, éparse et de lueurs frappée,
Ressemble aux longs cheveux d'une tête coupée ;
Dans la brume on dirait que leurs escarpements
Sont d'une boucherie encor tiède fumants ;
Tous ces géants ont l'air de faire dans la nue
Quelque exécution sombre qui continue ;
L'air frémit ; le glacier peut-être en larmes fond ;
Fatals, calmes, muets, et debout dans le fond
De la place publique effrayante des plaines,
Sur leurs vagues plateaux, sur leurs croupes hautaines,
Ils ont tous le carré hideux des castillos,
Comme des échafauds qui portent des billots.

II

Terreur des plaines.

Certes, c'est ténébreux ; et, devant deux provinces,
Devant deux gras pays, un tel réseau de princes
N'attache pas pour rien des mailles et des nœuds
Et des fils aux pitons des pics vertigineux ;

C'est dans un but qu'armés et tenant deux rivages,
D'affreux chefs, hérissés de couronnes sauvages,
Barrant l'isthme espagnol de l'une à l'autre mer,
Aux pointes des granits, dans le vent, dans l'éclair,
Sur la montagne d'ombre et d'aurore baignée,
Accrochent cette toile énorme d'araignée.

Comme en Grèce jadis les chefs thessaliens,
Ils tiennent tout, la terre et l'homme, en leurs liens ;
Pas une triste ville au loin qui ne frissonne ;
Vaillante, on la saccage, et lâche, on la rançonne ;
Pour dernier mot le meurtre ; ils battent sans remord
Monnaie à l'effigie infâme de la mort ;
Ils chassent devant eux les blêmes populaces,
Ils sont les grands marcheurs de nuit, rasant les places,
Brisant les tours, du mal et du crime ouvriers,
Et de la chèvre humaine effrayants chevriers.
Être le centre où vient le butin, où ruisselle
Un torrent de bijoux, de piastres, de vaisselle ;
Se faire d'un pays une proie, arrachant
Les blés au canton riche et l'or au bourg marchand,
C'est beau ; voilà leur gloire. Et c'est leur fait, en outre,
Quand de quelque chaumière on voit fumer la poutre,
Ou quand, vers l'aube, on trouve un pauvre homme dagué,
Nu, sanglant, dans le creux d'un bois, au bord d'un gué ;
Le vol des routes suit le pillage des villes ;
Car la chose féroce amène aux choses viles.

L'été, la bande met à profit la douceur
De la saison, voyant dans l'aurore une sœur,
Prenant les plus longs jours pour sa sanglante escrime,
Et donnant à l'azur un rôle dans le crime;
Juin radieux consent à la complicité;
C'est l'instant d'appliquer l'échelle à la cité;
C'est le moment de battre une muraille en brèche;
L'air est tiède, la nuit vient tard, la terre est sèche,
La mousse pour dormir fait le roc moins rugueux;
Comme le tas de fleurs cache le tas de gueux !
Le bruit des pas s'efface au bruit de la cascade;
La feuille traître accueille et couvre l'embuscade,
L'églantier, pour le piége épaissi tout exprès,
Semble ami du sépulcre autant que le cyprès;
Aussi, jusqu'à l'hiver, — quoique janvier lui-même
Parfois aux attentats prête sa clarté blême, —
Ce ne sont que combats, assauts et coups de main.

Dès que l'hiver décline, et quand le pont romain,
Le sentier, le ravin que les brises caressent,
Sous la neige qui fond vaguement reparaissent,
Quand la route est possible à des pas hasardeux,
Tous ces aventuriers s'assemblent chez l'un d'eux,
Noirs, terribles, autour d'un âtre où flambe un chêne,
Ils construisent leurs plans pour la saison prochaine;

Ils conviennent d'aller à trois, à quatre, à dix,
Font quelques mouvements d'ours encore engourdis,
Et préparent les vols, les meurtres, les descentes ;
Tandis que les oiseaux, sous les feuilles naissantes,
Joyeux, sentant venir les souffles infinis,
Commencent à choisir des mousses pour leurs nids.

A quoi bon ta splendeur, ô sereine nature,
O printemps refaisant tous les ans l'ouverture
Du mystérieux temple où la lumière éclot?
A quoi bon le torrent, le lac, le vent, le flot?
A quoi bon le soleil, et les doux mois propices
Semant à pleines mains les fleurs aux précipices,
Les sources et les prés et les oiseaux divins?
A quoi bon la beauté charmante des ravins?
La fierté du sapin, la grâce de l'érable,
Ciel juste ! à quoi bon? l'homme étant un misérable,
Et mettant, lui qui rampe et qui dure si peu,
Le masque de l'enfer sur la face de Dieu !
Hélas, hélas, ces monts font peur ! leurs fondrières
D'un bastion géant semblent les meurtrières ;
Du crime qui médite ils ont la ride au front.
Malheur au peuple, hélas, lorsque l'ombre du mont
Tombe sur les forêts ombre de forteresse !

III

Les Hautes terres.

N'importe, loin des forts dont l'aspect seul oppresse,
Quand on peut s'enfoncer entre deux pans de rocs,
Et, comme l'ours, l'isard et les puissants aurochs,
Entrer dans l'âpreté des hautes solitudes,
Le monde primitif reprend ses attitudes,
Et, l'homme étant absent, dans l'arbre et le rocher
On croit voir les profils d'infini s'ébaucher.
Tout est sauvage, inculte, âpre, rauque ; on retrouve
La montagne, meilleure avec son air de louve
Qu'avec l'air scélérat et pensif qu'elle prend
Quand elle prête au mal son gouffre et son torrent,
S'associe aux fureurs que la guerre combine,
Et devient des forfaits de l'homme concubine.

Grands asiles! le gave erre à plis écumants;
La sapinière pend dans les escarpements;
Les églises n'ont pas d'obscurité qui vaille
Ce mystère où le temps, dur bûcheron, travaille;
Le pied humain n'entrant point là, ce charpentier
Est à l'aise, et choisit dans le taillis entier;
On entend l'eau qui roule, et la chute éloignée
Des mélèzes qu'abat l'invisible cognée.
L'homme est de trop; souillé, triste, il est importun
A la fleur, à l'azur, au rayon, au parfum;
C'est dans les monts, ceux-ci glaciers, ceux-là fournaises,
Qu'est le grand sanctuaire effrayant des genèses;
On sent que nul vivant ne doit voir à l'œil nu,
Et de près, la façon dont s'y prend l'Inconnu,
Et comment l'être fait de l'atome la chose;
La nuée entre l'ombre et l'homme s'interpose;
Si l'on prête l'oreille on entend le tourment
Des tempêtes, des rocs, des feux, de l'élément,
La clameur du prodige en gésine, derrière
Le brouillard, redoutable et tremblante barrière;
L'éclair à chaque instant déchire ce rideau.
L'air gronde. Et l'on ne voit pas une goutte d'eau
Qui dans ces lieux profonds et rudes s'assoupisse,
Ayant, après l'orage, affaire au précipice;
Selon le plus ou moins de paresse du vent,
Les nuages tardifs s'en vont comme en rêvant,
Ou prennent le galop ainsi que des cavales;
Tout bourdonne, frémit, rugit; par intervalles

Un aigle, dans le bruit des écumes, des cieux,
Des vents, des bois, des flots, passe silencieux.

L'aigle est le magnanime et sombre solitaire ;
Il laisse les vautours s'entendre sur la terre,
Les chouettes en cercle autour des morts s'asseoir,
Les corbeaux se parler dans les plaines le soir ;
Il se loge tout seul, et songe dans son aire,
S'approchant le plus près possible du tonnerre,
Dédaigneux des complots et des rassemblements.
Il plane immense et libre au seuil des firmaments,
Dans les azurs, parmi les profondes nuées,
Et ne fait rien à deux que ses petits. Huées
De l'abîme, fracas des rocs, cris des torrents,
Hurlements convulsifs des grands arbres souffrants,
Chocs d'avalanches, l'aigle ignore ces murmures.

Donc, au printemps, réveil des rois ; trahisons mûres ;
On parle, on va, l'on vient ; les guet-apens sont prêts ;
Et les villes en bas, tremblantes, loin et près,
Pansant leur vieille plaie, arrangeant leur décombre,
Écoutent tous ces pas des cyclopes de l'ombre.
Éternelle terreur du faible et du petit !
Qu'est-ce qu'ils font là-haut, ces rois ? On se blottit,
On regarde quel point de l'horizon s'allume,
On entend le bruit sourd d'on ne sait quelle enclume,

On guette ce qui vient, surgit, monte ou descend ;
Chaque ville en son coin se cache, frémissant
Des flammèches que l'air et la nuée apportent
Dans ce jaillissement d'étincelles qui sortent
Du rude atelier, plein des souffles de l'autan,
Où l'on forge le sceptre énorme de Satan.

IV

Masferrer.

Or dans ce même temps, du Llobregat à l'Èbre,
Du Tage au Cil, un nom, Masferrer, est célèbre ;
C'est un homme des rocs et des bois, qui vit seul ;
Il prend l'ombre des monts tragiques pour linceul ;
Avant d'être avec l'arbre, il était avec l'homme ;
Comme un loup refusant d'être bête de somme,
Fauve, il s'est du milieu des vivants évadé,
Au hasard, comme sort du noir cornet le dé ;
Et maintenant il est dans la montagne immense ;

Sa zone est le désert redoutable ; où commence
La semelle des ours marquant dans les chemins
Des espèces de pas horribles presque humains,
Il est chez lui. Cet être a fui dès son jeune âge.
De l'énormité sombre il est le personnage ;
Il rit, ayant l'azur ; ses dents au lieu de pain
Cassent l'amande huileuse et rance du sapin ;
La montagne, acceptant cet homme sur les cimes,
Trouve son vaste bond ressemblant aux abîmes,
Sa voix, comme les bois et comme les torrents,
Sonore, et de l'éclair ses yeux peu différents ;
De sorte que ces monts et que cette nature
Se sentent augmentés presque de sa stature.

Il va du col au dôme et du pic au vallon.
Le glissement n'est pas connu de son talon ;
Sa marche n'est jamais plus altière et plus sûre
Qu'au bord vertigineux de quelque âpre fissure ;
Il franchit tout, distance, avalanches, hasards,
Tempêtes, précédé d'une fuite d'isards ;
Hier, il côtoyait Irun ; aujourd'hui l'aube
Le voit se refléter dans le vert lac de Gaube,
Chassant, pêchant, perçant de flèches les hérons,
Ou voguant, à défaut de barque et d'avirons,
Sur un tronc de sapin qui flotte et qu'il manœuvre
Avec le mouvement souple de la couleuvre.
Il entre, apparaît, sort, sans qu'on sache par où

S'il veut un pont, il ploie un arbre sur le trou;
La façon dont il va le long d'une corniche
Fait peur même à l'oiseau qui sur les rocs se niche.
A-t-il apprivoisé la rude hostilité
Du vent, du pic, du flot à jamais irrité,
Et des neiges soufflant en livides bouffées ?
Oui. Car la sombre pierre oscillante des fées
Le salue; il vit calme et formidable, ayant
Avec la ronce et l'ombre et l'éclair flamboyant
Et la trombe et l'hiver de farouches concordes.
Armé d'un arc, vêtu de peaux, chaussé de cordes,
Au-dessus des lieux bas et pestilentiels,
Il court dans la nuée et dans les arc-en-ciels.

Il passe sa journée à l'affût, l'arbalète
Tendue à la cigogne, au gerfaut, à l'alète,
Suit l'isard, ou, pensif, s'accoude aux parapets
Des gouffres sur les lacs et les halliers épais,
Et songe dans les rocs que le lierre tapisse,
Tandis que cet enfer qu'on nomme précipice,
Faisant vociférer l'eau dans le gave amer,
Dans la forêt la terre et dans l'ouragan l'air,
Emploie à blasphémer trois langues différentes.
Avec leurs rameaux d'or et leurs fleurs amarantes,
La lande et la bruyère au reflet velouté
Lui brodent des tapis gigantesques l'été.

Pour la terre, il s'éloigne, et, pour l'astre, il s'approche.

Il avait commencé par bâtir sur la roche,
A la mode des rois construisant des donjons,
Un bouge qu'il avait couvert d'un toit de joncs,
Ayant l'escarpement pour joie et pour défense;
Car l'abîme l'enivre, et depuis son enfance
Qu'il erre plein d'extase et de sublime ennui,
Il cherche on ne sait quoi de grand qui soit à lui
Dans ces immensités favorables à l'aigle.
L'ouragan emporta sa cabane. — Espiègle!
Dit l'homme, en regardant son vieux toit chassieux
S'en aller à travers les foudres dans les cieux.

A cette heure, parmi les crevasses bourrues
Pleines du tournoiement des milans et des grues,
Un repaire, ébauchant une ogive au milieu
D'une haute paroi toute de marbre bleu,
Souterrain pour le loup, aérien pour l'aigle,
Est son gîte; le houx, l'épi barbu du seigle,
L'ortie et le chiendent encombrent l'antre obscur,
Sorte de trou hideux dans un monstrueux mur;
Au-dessus du repaire, au haut du mur de marbre,
Se tord et se hérisse une hydre de troncs d'arbre;
Cette espèce de bête immobile lui sert
A retrouver sa route en ce morne désert;

On aperçoit du fond des solitudes vertes
Ce nœud de cous dressés et de gueules ouvertes,
Penché sur l'ombre, ayant pour rage et pour tourment
De ne pouvoir jeter au gouffre un aboiement.
L'antre est comme enfoui dans les ronces grimpantes ;
Parfois, au loin, le pied leur manquant sur les pentes,
Dans l'entonnoir sans fond des précipices sourds,
Comme des gouttes d'encre on voit tomber les ours ;
Le ravin est si noir que le vent peut à peine
Jeter quelque vain râle et quelque vague haleine
Dans ce mont, muselière au sinistre aquilon.

Un titan enterré dont on voit le talon,
Ce dur talon fendu d'une affreuse manière,
Voilà l'antre. A côté de la haute tanière,
Un gave insensé gronde et bave et croule à flots
Dans le gouffre, parmi les pins et les bouleaux ;
L'antre au bord du torrent s'ouvre sur l'étendue ;
La chute est au-dessous. Quand la neige fondue
Et la pluie ont grossi les cours d'eau, le torrent
Monte jusqu'à la grotte, enflé, hurlant, courant,
Terrible, avec un bruit d'horreur et de ravage,
Et familièrement entre chez ce sauvage ;
Et lui, laissant frémir les grands arbres pliés,
Profite de l'écume et s'y lave les pieds.

Dans un grossissement de brume et de fumée,
Entouré d'un nuage obscur de renommée,
Quoique invisible au fond de ses rocs, mais debout
Dans son fantôme allant, venant, dominant tout,
Cet homme s'aperçoit de très-loin en Espagne.

Chacun des rois a pris sa part de la montagne.
Fervehan a Lordos, Bermudo Cauteretz ;
Sanche a le Canigo, pic chargé de forêts
Que blanchit du matin la clarté baptismale ;
Padres a la Prexa, Juan tient le Vignemale ;
Sforon est roi d'Urgel, Blas est roi d'Obité ;
La part de Masferrer s'appelle Liberté.
Pas un plus grand que lui sur ces monts ne se pose.

Qu'est-ce que ce géant? C'est un voleur. La chose
Est simple ; tout colosse a toujours deux côtés ;
Et les difformités et les sublimités
Habitent la montagne ainsi que des voisines.
Le prodige et le monstre ont les mêmes racines.
Monstre, jusqu'où? Jamais de pas vils et rampants ;
Jamais de trahisons, jamais de guet-apens ;
Masferrer attaquait tout seul des groupes d'hommes ;
Au pâle rustre allant vendre au marché ses pommes,
Il disait : Va! c'est bien! Il laissait volontiers
Aux pauvres gens, tremblant la nuit dans les sentiers,

Leur âne, leur cochon, leur orge, leur avoine ;
Mais il se gênait moins avec le sac du moine ;
Il n'écrasait pas tout dans ce qu'on nomme droit ;
Si quelqu'un avait faim, si quelqu'un avait froid,
Ce n'était pas son nom qui sortait de la plainte ;
La malédiction, cette voix fauve et sainte,
Ne le poursuivait point dans son farouche exil ;
Aux actions des rois il fronçait le sourcil.
Un jour, devant un fait lugubre et sanguinaire,
— Ces hommes sont méchants, et plus qu'à l'ordinaire,
Cria-t-il. A-t-il donc neigé rouge aujourd'hui ? —
Les rois déshonoraient la montagne ; mais lui
N'importunait pas trop l'ombre du grand Pélage.
Voilà ce que disaient de lui dans le village
Les pâtres de Héas et de l'Aquatonta.
Du reste confiant et terrible. Il lutta
Tout un jour contre un ours entré dans sa tanière ;
L'ours, l'ayant habitée à la saison dernière,
La voulait ; vers le soir l'ours fatigué râla.
— Soit, nous continuerons demain matin. Dors là,
Dit l'homme. Il ajouta : — Fais un pas ! je t'assomme !
Puis s'endormit. Au jour, l'ours, sans réveiller l'homme
Et se souciant peu de la suite, partit.

V

Le castillo.

Noir ravin. Hors un coin vivant où retentit
Dans la forêt le son des buccins et des sistres,
Tout est désert. Halliers, bruit de feuilles sinistres,
Tristesse, immensité; c'est un de ces lieux-là
Où se trouvait Caïn lorsque Dieu l'appela.
Le Caïn qui se cache en cette ombre est de pierre,
C'est un donjon. Des gueux à la longue rapière
Le gardent; des soudards sur ses tours font le guet.
Il date du temps rude où Rollon naviguait.
A quelque heure du jour qu'on le voie, il effraie;
Quelque couleur qu'il prenne, il convient à l'orfraie;
S'il est noir, c'est la nuit; s'il est blanc, c'est l'hiver.
L'archer fourmille là comme au cercueil le ver.

Dans la tour, une salle aux murailles très-hautes.
Avec ses grands arceaux qui sont comme des côtes,
Cette salle, où pétille un brasier frémissant,

Écarlate de flamme, a l'air rouge de sang.
Ouvrez Léviathan, ce sera là son ventre.

Cette salle est un lieu de rendez-vous.

Au centre,
Autour d'un tréteau vaste où fument tous les mets,
Perdrix, pluviers, chevreuils tués sur les sommets,
Mouton d'Anjou, pourceau d'Ardenne ou de Belgique,
Des hommes radieux font un groupe tragique ;
Ces hommes sont assis, parlant, buvant, mangeant,
Sur des chaires d'ivoire aux pinacles d'argent,
Ou sur des fronts de bœuf entre les larges cornes ;
Leur rire monstrueux et fou n'a pas de bornes ;
Leur splendeur est féroce, et l'on voit sortir d'eux
Une sorte de lustre implacable et hideux ;
Le nœud de perles sert d'agrafe aux peaux de bêtes ;
Ils sont comme éblouis de guerre et de tempêtes ;
Tous, le jeune homme blond et le vieillard barbu,
Causent, chantent, beaucoup de vin chaud étant bu,
De la fin du repas la nappe ayant les rides ;
Chasseurs vertigineux ou bûcherons splendides,
Chacun a sa cognée et chacun a son cor ;
L'âtre fait flamboyer leurs torses couverts d'or ;
La flamme empourpre, autour de la table fournaise,
Ces hommes écaillés de lumière et de braise,

Étranges, triomphants, gais, funèbres, vermeils ;
D'un ciel qui serait tombe ils seraient les soleils.

Ce sont les rois.

    Ce sont les princes de l'embûche
Gigantesque où le Nord de l'Espagne trébuche,
Les seigneurs du glacier, du pic et du torrent,
Les vastes charpentiers de l'abattage en grand,
Les dieux, les noirs souffleurs des trompes titaniques
D'où sortent les terreurs, les fuites, les paniques.

Germes du maître altier que l'avenir construit,
Semences du grand trône encor couvert de nuit,
Grains de ce qui sera plus tard le roi d'Espagne,
Ils sont là. C'est Pancho que la crainte accompagne,
Genialis, Sforon qu'Urgel a pour fardeau,
Gildebrand, Egina, Pervehan, Bermudo,
Juan, Blas-le-Captieux, Sanche-le-Fratricide ;
Le vieux tigre, Vasco Tête-Blanche, préside.
Près de lui, deux géants : Padres et Tarifet ;
L'armure de ceux-ci, dans les récits qu'on fait,
Avec le plomb bouillant de l'enfer est soudée,
Et les clous des brassards sont longs d'une coudée.

Au bas bout de la table est Gil, prince de Gor,
En huque rouge avec la chapeline d'or.

Cependant le haillon sur leur pourpre se fronce ;
Ce sont des majestés qui marchent dans la ronce ;
La montagne est là toute avec son fauve effroi ;
Ils sont déguenillés et couronnés ; tel roi
Qui commence en fleurons finit en alpargates.

Vases, meubles, émaux, onyx, rubis, agates,
Argenterie, écrins étincelants, rouleaux
D'étoffes, se mêlant l'un à l'autre à longs flots,
Tout ce qu'on peut voler, tout ce dont on trafique,
Fait dans un coin un bloc lugubre et magnifique ;
Rien n'y manque ; ballots apportés là d'hier,
Joyaux de femme avec quelque lambeau de chair,
Lourds coffres, sacs d'argent ; tout ce tas de décombres
Qu'on appelle le tas de butin.

       Dans les ombres
Marche et se meut l'armée horrible des sierras ;
Secouant des tambours, courant, levant les bras,
Des femmes, qu'effarouche une sombre allégresse,
Avec des regards d'ange et des bonds de tigresse,

Tâchant de faire choir les piastres de leur main
A force de seins nus, de fard et de carmin,
Dansent autour des rois, car ils sont les Mécènes
De la jupe effarée et des groupes obscènes.
Parmi ces femmes, deux, l'une grande aux crins blonds,
L'autre petite avec des colliers de doublons,
Toutes deux gitanas au flanc couleur de brique,
Mêlent une âpre lutte au bolero lubrique ;
La petite, ployant ses reins, tordant son corps,
Rit et raille la grande, et la géante alors
Se penche sur la naine avec gloire et furie,
Comme une Pyrénée insulte une Asturie.

La cheminée, où sont creusés d'étroits grabats,
Remplit un pan de mur du haut jusques en bas ;
On voit sur le fronton Saint George, et sur la plaque
Le combat d'un satyre avec un brucolaque.

Autour de ces rois luit le pillage flagrant.
Le deuil, les campagnards par milliers émigrant,
La plaine qui frémit, l'horizon qui rougeoie,
Les pueblos dévastés et morts, voilà leur joie.
C'est de ces noirs seigneurs que la misère sort.
Peut-être ce pays serait prospère et fort
Si l'on pouvait ôter à l'Espagne l'épine
Qu'elle porte au talon et qu'on nomme rapine.

De ce dont ils sont fiers plus d'un serait honteux;
Ils sont grands sur un fond d'opprobre; devant eux
Des parfums allumés fument; cet encens pue.

Du reste, arceaux géants, colonnade trapue;
Des viandes à des crocs comme dans un charnier;
La même joie allant du premier au dernier;
Plus de cris que le soir au fond des marécages;
D'affreux chiens-loups gardant des captifs dans des cages;
Dans un angle un gibet; partout le choc brutal
Du palais riche, heureux, joyeux, contre l'étal.

Les murs ont par endroits des trous où s'enracine
Un poing de fer portant un cierge de résine.

Vaguement écouté par Blas et Gildebrand,
Un pâtre, près du seuil, sur le sistre vibrant,
Chante des montagnards la féroce romance;
Et des trois madriers brûlant dans l'âtre immense
Il sort tout un dragon de flamme, ayant pour frein
Une chaîne liée à deux chenets d'airain.

VI

Une élection.

Cependant les voilà qui causent d'une affaire.
Si grands qu'ils soient, la mort entre en leur haute sphère;
Guy, roi d'Oloron, veuf et sans enfants, est mort.
A qui le mont? à qui la ville? à qui le fort?
Question. La querelle éclaterait. Mais Sanche :

—Paix là! l'heure est mauvaise et notre pouvoir penche:
Les villes contre nous font pacte avec les bourgs;
Les hommes des hameaux, des vignes, des labours,
S'arment pour nous combattre, et la ligue est certaine
Du comte de Castille et du duc d'Aquitaine.
Est-ce en un tel moment qu'autour de nous groupés,
Princes, nos ennemis vont nous voir occupés
A nous mordre en rongeant un os dans la montagne?

Par Jésus! les démons sont d'accord dans leur bagne;
Va-t-on se quereller entre rois dans les cieux?

— La dispute est un mal, dit Blas-le-Captieux,
Qui la cherche est félon, qui l'accepte imbécile;
Mais comment s'accorder?

      Sanche dit:

              — C'est facile.

— Qui donc ferais-tu roi d'Oloron?

              — Masferrer.

Ce nom sur tous les fronts passa comme un éclair.

—Mes frères, reprit Sanche, il faut songer aux guerres;
(Sanche, étant fratricide, aimait ce mot: mes frères.)
Et, pardieu, mon avis, le voici : notre cor
S'entendrait de plus loin et ferait mieux encor,
Et la rumeur qui sort de nous dans la campagne

Et la nuée, irait plus au fond de l'Espagne,
Si Masferrer était élu roi d'Oloron,
Et si, subitement, dans notre altier clairon
Ce voleur engouffrait son souffle formidable.

— Mais n'habite-t-il pas un antre inabordable ?

— Puisqu'il l'aborde, lui?

— C'est juste.

— Nous voulons,
Dit Sanche, tout glacer sous nos rudes talons,
Et jeter bas ce peuple et cette ligue infime.
Il nous faut de la chute ; eh bien, prenons l'abîme !
Il nous faut de la glace ; eh bien, prenons l'hiver !

— Soit, cria Fervehan, nommons roi Masferrer.

— J'y consens, dit Sforon, la bête est d'envergure.

— Ce serait un roi, certe, et de haute figure,
Ajouta Bermudo.

— Le sanglier me plaît,
Dit Juan.

— Mais comme roi, seigneurs, est-il complet?
Dit Blas. On passe mal d'une bauge à la tente.

— Qu'est-ce donc que tu veux de plus? Je m'en contente,
Hurla Gil. Je le prends avec ses marcassins,
S'il en a. Ce serait, j'en jure par les saints,
Quelque chose de grand, d'altier, de salutaire,
Et d'égal à l'effet que ferait sur la terre,
En s'y dressant soudain, l'ombre de Totila,
Si l'on voyait un sceptre entre ces pattes-là!

Le vieux Vasco dressa sous le dais de sa chaire
Son front blanc éclairé d'une blême torchère :

— Il nous faut du renfort. Puisque nous en gagnons
En étant de ce gueux quelconque compagnons,
Amen, l'homme me va. J'accepte l'épousaille.

Mais, princes, qui l'ira chercher dans sa broussaille?

— Deux d'entre nous.

— C'est dit.

Et le sort désigna
Le roi Genialis et le duc Agina.

VII

Les deux porte-sceptre.

Un torrent effréné roule entre deux falaises;
A droite est l'antre; à gauche, au milieu des mélèzes,
Un dur sentier fait face au terrier du bandit,
Mince corniche au flanc du roc; l'eau qui bondit,
L'affreux souffle sortant du gouffre, la colère

D'un trou prodigieux et perpendiculaire,
Séparent le sentier de l'antre. Pas de pont.
Rien. La chute où l'écho tumultueux répond.
Les antres, là, sont sûrs; les abîmes les gardent;
Les deux escarpements ténébreux se regardent;
A peine, en haut, voit-on un frêle jour qui point.
La fente épouvantable est étroite à ce point
Qu'on pourrait du sentier parler à la caverne;
On cause ainsi d'un mur à l'autre de l'Averne.

Un sentier, mais jamais de passants.

            Dans ces monts,
Le sol n'est que granits, herbes, glaces, limons;
Le cheval y fléchit, la mule s'y déferre;
Tout ce que les deux rois envoyés purent faire,
Ce fut de pénétrer jusqu'au rude sentier.
Parvenus au tournant, où l'antre tout entier,
Comme ces noirs tombeaux que les chacals déterrent,
Lugubre, apparaissait, les deux rois s'arrêtèrent.
Le bandit, que les rois apercevaient dedans,
Raccommodait son arc, coupait avec ses dents
Les nœuds, de peur qu'un fil sur le bois ne se torde,
Songeait, et par moments crachait un bout de corde.
L'eau du gave semblait à la hâte s'enfuir.
L'homme avait à ses pieds un vieux carquois de cuir

Plein de ces dards qui font de loin trembler la cible.
On voyait dans un coin sa femelle terrible.
Une pierre servait à ce voleur de banc.

Alors, haussant la voix, car le gave en tombant
Faisait le bruit d'un buffle échappé de l'étable,
L'un des deux rois cria dans l'antre redoutable :

— Salut, homme, au milieu des gouffres ! Devant toi
Tu vois Agina, duc, et Genialis, roi ;
Nous sommes envoyés par Vasco Tête-Blanche,
Fervehan, Gildebrand, don Blas, don Juan, don Sanche,
Gil, Bermudo, Sforon, et je te dis ceci
De la part de ceux-là qui sont des rois aussi :
On te donne Oloron, ville dans la montagne,
Sois l'un de nous ; sois roi ; viens ; le sceptre se gagne,
Tu l'as gagné. Nous rois, nous venons te chercher.
Un fils comme toi peut, du haut de son rocher,
Entrer parmi les rois de plain-pied, sans démence ;
C'est à ta liberté que le trône commence.
Règne sur Oloron et sur vingt bourgs encor.
Tu mettras sur ta tête une tiare d'or,
Et ce qu'on nomme vol se nommera conquête ;
Car rien n'est crime et tout est vertu, sur le faîte ;
Et ceux qui t'appelaient bandit, t'adoreront.
Viens, règne. Nous avons des couronnes au front,

Des draps d'or et d'argent à dix onces la vare,
Des châteaux, des pays, l'Aragon, la Navarre,
Des femmes, des banquets, le monde à nos genoux;
Prends ta part. Tout cela t'appartient comme à nous.
Entre dans le palais et sors de la tanière,
Remplace le nuage, ami, par la lumière;
Quitte ta nuit, ton roc, ton haillon, ton torrent,
Viens; et sois comme nous un roi superbe et grand,
N'ayant rien à ses pieds qui ne soit une fête.
Viens.

 Sans lever les yeux et sans tourner la tête,
Le bandit, sur son arc gardant toujours la main,
Leur fit signe du doigt de passer leur chemin.

LA PATERNITÉ

—

Le père a souffleté le fils.

      Tous deux sont grands
Don Ascagne est le fils. Nager dans les torrents,
Dompter l'ours, être un comte âpre et dur comme un rustre,
Ce furent là les mœurs de son enfance illustre;

Il étonnait les monts où l'éclair retentit
Par la grandeur des pas qu'il faisait tout petit ;
Il risquait, par-dessus maint gouffre redoutable,
Des sauts de chevrier, de l'air d'un connétable ;
Il n'avait pas vingt ans qu'il avait déjà pris
Tout le pays qui va d'Irun à Lojariz,
Et Tormez, et Sangra, cité des sycomores,
Et détruit sur les bords du Zaban cinq rois maures.
Le père est Jayme ; il est plus formidable encor ;
Tell eût voulu léguer son arc, Roland son cor,
Hercule sa massue à ce comte superbe.
Ce que le titan chauve est à l'archange imberbe,
Don Jayme l'est à don Ascagne ; il a blanchi ;
Il neige sur un mont qu'on n'a jamais franchi,
Et l'âge atteint le front que nul roi n'a pu vaincre.
La mer parfois s'arrête et se laisse convaincre
Par la dune ou l'écueil, et s'abaisse et décroît,
Mais Jayme n'a jamais reculé dans son droit
Et toujours il a fait son devoir d'être libre ;
Ses vieux monts qu'envieraient les collines du Tibre
Sur l'horizon brumeux de loin sont aperçus,
Et sa tour sur les monts, et son âme au-dessus.
Jayme a chassé Kernoch, pirate de Bretagne.
Il verrait Annibal attaquer sa montagne
Qu'il dirait : me voilà ! rien ne le surprenant.
Il habite un pays sauvage et frissonnant ;
L'orage est éternel sur son château farouche ;
Les vents dont un courroux difforme emplit la bouche

Y soufflent et s'y font une âpre guerre entr'eux,
Et sur ses tours la pluie en longs fils ténébreux
Tombe comme à travers les mille trous d'un crible ;
Jayme parfois se montre aux ouragans, terrible ;
Il se dresse entre deux nuages entr'ouverts,
Il regarde la foudre et l'autan de travers,
Et fronce un tel sourcil que l'ombre est inquiète ;
Le pâtre voit d'en bas sa haute silhouette
Et croit que ce seigneur des monts et des torrents
Met le holà parmi ces noirs belligérants.
Sa tour est indulgente au lierre parasite.
On a recours à lui quand la victoire hésite,
Il la décide, ayant une altière façon
De pousser l'ennemi derrière l'horizon ;
Il ne permet aucun pillage sur ses terres ;
Il est de ceux qui sont au clergé réfractaires ;
Il est le grand rebelle et le grand justicier ;
Il a la franchise âpre et claire de l'acier ;
Ce n'est pas un voleur, il ne veut pas qu'on dise
Qu'un noble a droit de prendre aux juifs leur marchandise ;
Il jure rarement, donne de bons avis,
Craint les femmes, dort vite, et les lourds ponts-levis
Sont tremblants quand il bat leur chaîne à coups de hache ;
Il est sans peur, il est sans feinte, il est sans tache,
Croit en Dieu, ne ment pas, ne fuit pas, ne hait pas ;
Les défis qu'on lui jette ont pour lui des appas ;
Il songe à ses neveux, il songe à ses ancêtres ;
Quant aux rois, que l'enfer attend, car ils sont traîtres,

Il les plaint quelquefois et ne les craint jamais;
Quand la loyauté parle, il dit : Je me soumets;
Étant baron des monts, il est roi de la plaine;
La ville de la soie et celle de la laine,
Grenade et Ségovie, ont confiance en lui.
Cette gloire hautaine et scrupuleuse a lui
Soixante ans, sans coûter une larme à l'Espagne.
Chaque fois qu'il annonce une entrée en campagne,
Chaque fois que ses feux, piquant l'horizon noir,
Clairs dans l'ombre, ont couru de monts en monts le soir,
Appels mystérieux flamboyant sur les cimes,
Les tragiques vautours et les cygnes sublimes
Accourent, voulant voir, quand Jayme a combattu,
Les vautours son exploit, les cygnes sa vertu;
Car il est bon.

Le fils n'est pas un chef vulgaire;
Mais le père a souvent pardonné dans la guerre,
Ce qui fait que le père est le plus grand des deux.

Ils tiennent Reuss, le mont Cantabre dépend d'eux,
Ils habitent la casa Arcol, tour féodale
Faite par don Maldras qui fut un roi vandale,
Sur un sommet jadis hanté par un dragon;

L'Èbre est leur fleuve ; au temps des guerres d'Aragon ;
Ils ont bravé le roi de France Louis onze.

Ascagne est fils de Jayme et Jayme est fils d'Alonze.
Qu'est-ce qu'Alonze ? Un mort; larve, ombre dans les vents,
Fantôme, mais plus grand que ceux qui sont vivants.

Il a fait dans son temps des choses inconnues,
Et superbes ; parfois sa face dans les nues
Apparaît ; c'est de lui que parlent les vieillards ;
On l'aperçoit qui rêve au fond des noirs brouillards.
Sa statue est au bas de la tour, dans la crypte,
Assise sur sa tombe ainsi qu'un dieu d'Égypte,
Toute en airain, énorme, et touchant au plafond ;
Car les sépulcres sont ce que les morts les font,
Grands si le mort est grand ; si bien que don Alonze
Est spectre dans la brume et géant dans le bronze.

Voilà quinze cents ans que le monde est chrétien ;
Les fières mœurs s'en vont ; jadis le mal, le bien,
Le bon, le beau vivaient dans la chevalerie ;
L'épée avait fini par être une patrie ;

On était chevalier comme on est citoyen ;
Atteindre un juste but par un juste moyen,
Être clément au faible, aux puissants incommode,
Vaincre, mais rester pur, c'était la vieille mode ;
Jayme fut de son siècle, Ascagne est de son temps.
Les générations mêlent leurs pas flottants ;
Hélas, souvent un père, en qui brûle une flamme,
Dans son fils qui grandit voit décroître son âme.
Jadis la guerre, ayant pour loi l'honneur grondeur
Et la foi sainte, était terrible avec pudeur ;
Les paladins étaient à leurs vieux noms fidèles ;
Les aigles avaient moins de griffes et plus d'ailes ;
On n'est plus à présent les hommes d'autrefois ;
On ne voit plus les preux se ruer aux exploits
Comme des tourbillons d'âmes impétueuses ;
On a pour s'attaquer des façons tortueuses
Et sûres, dont le Cid, certes, n'eût pas voulu,
Et que dédaignerait le lion chevelu ;
Jadis les courts assauts, maintenant les longs siéges ;
Et tout s'achève, après les ruses et les piéges,
Par le sac des cités en flammes sous les cieux,
Et, comme on est moins brave, on est plus furieux ;
Ce qui fait qu'aujourd'hui les victoires sont noires.
Ascagne a désiré franchir des territoires
D'Alraz, ville qui doit aux Arabes son nom ;
Il a voulu passer, mais la ville a dit non ;
Don Ascagne a trouvé la réponse incivile,
Et, lance au poing, il a violé cette ville,

Lui chevalier, risquant sa part de paradis,
Laissant faire aux soldats des choses de bandits;
Ils ont enfreint les lois de guerre aragonaises;
Des enfants ont été jetés dans les fournaises;
Les noirs effondrements mêlés aux tourbillons
Ont dévoré la ville, on a crié : Pillons!
Et ce meurtre a duré trois jours; puis don Ascagne,
Vainqueur, a ramené ses gens dans la montagne
Sanglants, riants, joyeux et comptant des profits.
Et c'est pourquoi le père a souffleté le fils.

Alors le fils a dit : — Je m'en vais. L'ombre est faite
Pour les fuites sans fond, et la forêt muette
Est une issue obscure où tout s'évanouit.
L'insulte est une fronde et nous jette à la nuit.
J'ai droit à la colère à mon âge. L'offense,
Tombant du père au fils, est la fin de l'enfance.
Nul ne répond du gouffre, et qui s'en va, va loin.
L'affront du père, ô bois, je vous prends à témoin,
Suffit pour faire entrer le fils en rêverie.
Quoi! pour avoir senti gronder ma seigneurie
Dans mon âme, devant des manants, pour avoir
Ramené comme il sied des vassaux au devoir,
Pour quelques vils bourgeois brûlés dans leurs masures,
Comte, vous m'avez fait la pire des blessures,
Et l'outrage est venu, seigneur, de vous à moi;

Et j'ai connu la honte et j'ai connu l'effroi;
La honte de l'avoir et l'effroi de le rendre;
Et jusqu'à ce moment nul ne m'eût fait comprendre
Que je pusse rougir ou trembler. Donc, adieu.
Le désert me convient, et l'âpreté du lieu,
Quand la bête des bois devient haute et géante,
N'est point à ses grands pas farouches malséante;
La croissance rend grave et sauvage l'oiseau;
Et l'habitude d'être esclave ou lionceau
Se perd quand on devient lion ou gentilhomme;
L'aiglon qui grandit parle au soleil et se nomme
Et lui dit je suis aigle, et, libre et révolté,
N'a plus besoin de père ayant l'immensité.
D'ailleurs qu'est-ce que c'est qu'un père? La fenêtre
Que la vie ouvre à l'âme et qu'on appelle naître
Est sombre, et quant à moi je n'ai point pardonné
A mon père le jour funeste où je suis né.
Si je vis, c'est sa faute, et je n'en suis pas cause.
Enfin, en admettant qu'on doive quelque chose
A l'homme qui nous mit dans ce monde mauvais,
Il m'a délié, soit, c'est fini, je m'en vais.
Il n'est pas de devoir qu'un outrage n'efface;
J'ai désormais la nuit sinistre sur la face;
Il ne me convient plus d'être fils de quelqu'un.
Je me sens fauve, et voir son père est importun.
Je veux être altier, fier, libre, et je ne l'espère
Que hors de toi, donjon, que hors de vous, mon père.
Je vais dans la sierra que battent les éclairs;

Leur cime me ressemble; un souffle est dans les airs,
Il m'enlève. Je pars. Toute lumière est morte,
Le désert s'ouvre; et l'homme est bienvenu qui porte
Chez des monts foudroyés un souvenir d'affront. —

Et, cela dit, le fils s'en alla.

                                 L'homme est prompt;
Et nos rapidités, voix, colères, querelles,
Vont au hasard, laissant de l'ombre derrière elles.
Ce père aimait ce fils.

                              Du haut de sa maison,
Morne, et les yeux fixés sur le pâle horizon,
Il regarda celui qui partait disparaître;
Puis, quand son fils se fut effacé, le vieux maître
Descendit dans la crypte où son père dormait.
Le crépuscule froid qu'un soupirail admet
Éclairait cette cave, et la voûte était haute.
Dans le profond sépulcre il entra comme un hôte.
Au fond était assis le grand comte d'airain;
Et dans l'obscurité du blême souterrain,

Brume livide où l'œil par degrés s'habitue,
Flottait le rêve épars autour d'une statue.

Le colosse posait ses mains sur ses genoux.
Il avait ce regard effrayant des yeux doux
Qui peuvent foudroyer quand leur bonté se lasse.
Le vague bruit vivant qui sur la terre passe,
Chocs, rumeurs, chants d'oiseaux, cris humains, pas perdus,
Voix et vents, n'étaient point dans cette ombre entendus,
Et l'on eût dit que rien de ce que l'homme écoute,
Chante, invoque ou poursuit, n'osait sous cette voûte
Pénétrer, tant la tombe est un lieu qui se tait,
Et tant le chevalier de bronze méditait.
Trois degrés, que n'avait touchés nulle sandale,
Exhaussaient la statue au-dessus de la dalle ;
Don Jayme les monta. Pensif, il contempla
Quelque temps la figure auguste assise là,
Puis il s'agenouilla comme devant son juge ;
Puis il sentit, vaincu, comme dans un déluge
Une montagne sent l'ascension des flots,
Se rompre en son vieux cœur la digue des sanglots,
Il cria :

— Père ! ah Dieu ! tu n'es plus sur la terre,
Je ne t'ai plus ! Comment peut-on quitter son père !
Comme on est différent de son fils, ô douleur !

Mon père! ô toi le plus terrible, le meilleur,
Je viens à toi. Je suis dans ta sombre chapelle,
Je tombe à tes genoux, m'entends-tu? Je t'appelle.
Tu dois me voir, le bronze ayant d'étranges yeux.
Ah! j'ai vécu; je suis un homme glorieux,
Un soldat, un vainqueur; mes trompettes altières
Ont passé bien des fois par-dessus des frontières;
Je marche sur les rois et sur les généraux;
Mais je baise tes pieds. Le rêve du héros
C'est d'être grand partout et petit chez son père.
Le père c'est le toit béni, l'abri prospère,
Une lumière d'astre à travers les cyprès,
C'est l'honneur, c'est l'orgueil, c'est Dieu qu'on sent tout près.
Hélas! le père absent c'est le fils misérable.
O toi, l'habitant vrai de la tour vénérable,
Géant de la montagne et sire du manoir,
Superbement assis devant le grand ciel noir,
Occupé du lever de l'aurore éternelle,
Comte, baisse un moment ta tranquille prunelle
Jusqu'aux vivants, passants confus, roseaux tremblants,
Et regarde à tes pieds cet homme en cheveux blancs,
Abandonné tout près du sépulcre, qui pleure,
Et qui va désormais songer dans sa demeure,
Tandis que les tombeaux seront silencieux
Et que le vent profond soufflera dans les cieux.
Mon fils sort de chez moi comme un loup d'un repaire.
Mais est-ce qu'on peut être offensé par son père?
Ni le père, ni Dieu n'offensent; châtier

C'est aimer; l'Océan superbe reste entier
Quel que soit l'ouragan que les gouffres lui jettent,
Et les sérénités éternelles n'admettent
Ni d'affront paternel, ni d'outrage divin.
Eh quoi, ce mot sacré, la source, serait vain !
Ne suis-je pas la branche et n'es-tu pas la tige?
Je t'aime. Un père mort, c'est, glorieux prodige,
De l'ombre par laquelle on se sent soutenir.
La beauté de l'enfance est de ne pas finir.
Au-dessus de tout homme, et quoi qu'on puisse faire,
Quelqu'un est toujours Dieu, quelqu'un est toujours père.
Nous sommes regardés, dans l'âpre nuit du sort,
Par des yeux qui se sont étoilés dans la mort.
Que n'es-tu là, debout ! Comme tu serais maître,
Seigneur, guide, gardien, juge ! Oh ! je voudrais être
Ton esclave, t'offrir mon cœur, courber mon front,
Et te sentir vivant, fût-ce par un affront !
Les avertissements des pères sont farouches
Mais bons, et, quel que soit l'éclair dont tu me touches,
Tout ce qui vient d'en haut par l'âme est accepté,
Et le coup de tonnerre est un coup de clarté.
Avoir son père, ô joie ! O géant d'un autre âge,
Gronde, soufflète-moi, frappe-moi, sois l'outrage,
Sois la foudre, mais sois mon père ! Sois présent
A ma vie, à l'emploi que je fais de ton sang,
A tous mes pas, à tous mes songes ! Que m'importe
De n'être que le chien couché devant ta porte,
O mon seigneur, pourvu que je te sente là !

Ah ! c'est vrai, soixante ans la montagne trembla
Sous mes pas, et j'ai pris et secoué les princes
Nombreux et noirs, sous qui râlaient trente provinces,
Gil, Vermond, Araül, Barruza, Gaïffer,
J'ai tordu dans mes poings tous ces barreaux de fer;
J'ai fait tomber du mur les toiles d'araignées,
Les prêtres; j'ai mon lot de batailles gagnées
Comme un autre; pourtant frappe-moi si j'ai tort!
Oui, mon épée est fière et mon donjon est fort,
J'ai protégé beaucoup de villes orphelines,
J'ai dans mon ombre un tas de tyrans en ruines,
Je semble presque un roi tant je suis triomphant;
Et je suis un vieillard, mais je suis ton enfant!

Ainsi parlait don Jayme en ces caveaux funèbres
A son père de bronze assis dans les ténèbres,
Fantôme plein de l'âme immense des aïeux ;
Et pendant qu'il parlait Jayme fermait les yeux;
Sa tête était posée, humble, et comme abattue,
Sur les puissants genoux de la haute statue;
Et cet homme, fameux par tant d'altiers défis
Et tant de beaux combats, pleurait; l'amour d'un fils
Est sans fond, la douleur d'un père est insondable;
Il pleurait.

Tout à coup, — rien n'est plus formidable

Que l'immobilité faisant un mouvement,
Le farouche sépulcre est vivant par moment,
Et le profond sanglot de l'homme le secoue, —
Le vieux héros sentit un frisson sur sa joue
Que dans l'ombre, d'un geste auguste et souverain,
Caressait doucement la grande main d'airain.

XVI

LA COMÈTE

— 1759 —

LA COMÈTE

———

Il avait dit : — Tel jour cet astre reviendra. —

Quelle huée ! Ayez pour Vishnou, pour Indra,
Pour Brahma, pour Odin ou pour Baal un culte ;
Affirmez par le fer, par le feu, par l'insulte,
L'idole informe et vague au fond des bleus éthers,
Et tous les Jéhovahs et tous les Jupiters

Échoués dans notre âme obscure sur la grève
De Dieu, gouffre où le vrai flotte et devient le rêve ;
Sur les Saint-Baboleyns et sur les Saint-Andrés
Soyez absurde et sombre autant que vous voudrez ;
Dites que vous avez vu, parmi les mouettes
Et les aigles, passer dans l'air des silhouettes
De maisons qu'en leurs bras tenaient des chérubins ;
Dites que pour avoir aperçu dans leurs bains
Des déesses, rondeurs célestes, gorges blanches,
On est cerf à jamais errant parmi les branches ;
Croyez à tout, aux djinns, aux faunes, aux démons
Apportant Dieu tremblant et pâle sur les monts ;
Soyez bonze au Tonquin, mage dans les Chaldées ;
Croyez que les Lédas sont d'en haut fécondées
Et que les cygnes font aux vierges des enfants ;
Donnez l'Égypte aux bœufs et l'Inde aux éléphants ;
Affirmez l'oignon dieu, Vénus, Ève, et leur pomme ;
Et le soleil cloué sur place par un homme
Pour offrir un plus long carnage à des soldats ;
Inventez des Korans, des Talmuds, des Védas,
Soyez un imposteur, un charlatan, un fourbe,
C'est bien. Mais n'allez pas calculer une courbe,
Compléter le savoir par l'intuition,
Et, quand on ne sait quel flamboyant alcyon
Passe, astre formidable, à travers les étoiles,
N'allez pas mesurer le trou qu'il fait aux toiles
Du grand plafond céleste, et rechercher l'emploi
Qu'il a dans ce chaos d'où sort la vaste loi ;

LA COMÈTE.

Laissez errer là-haut la torche funéraire ;
Ne questionnez point sur son itinéraire
Ce fantôme, de nuit et de clarté vêtu ;
Ne lui demandez pas : Où vas-tu? D'où viens-tu ?
Ne faites pas, ainsi que l'essaim sur l'Hymète,
Rôder le chiffre en foule autour de la comète;
Ne soyez pas penseur, ne soyez pas savant,
Car vous seriez un fou. Docte, obstiné, rêvant,
Ne faites pas lutter l'espace avec le nombre ;
Laissez ses yeux de flamme à ce masque de l'ombre;
Ne fixez pas sur eux vos yeux ; et ce manteau
De lueur où s'abrite un sombre incognito,
Ne le soulevez pas, car votre main savante
Y trouverait la vie et non pas l'épouvante,
Et l'homme ne veut point qu'on touche à sa terreur ;
Il y tient; le calcul l'irrite; sa fureur
Contre quiconque cherche à l'éclairer, commence
Au point où la raison ressemble à la démence ;
Alors il a beau jeu. Car imagine-t-on
Rien qui semble ici-bas mieux fait pour Charenton
Qu'un ascète perdu dans des recherches sombres
Après le chiffre, après le rêve, après des ombres,
Guetteur pâle, appliquant des verres grossissants
Aux faits connus, aux faits possibles, au bon sens,
Regardant le ciel spectre au fond du télescope,
Chez les astres voyant, chez les hommes myope !
Quoi de plus ressemblant aux insensés que ceux
Qui, voyant les secrets d'en haut venir vers eux,

Marchent à leur rencontre et donnent aux algèbres
L'ordre de prendre un peu de lumière aux ténèbres,
Et, sondant l'infini, mer qui veut se voiler,
Disent à la science impassible d'aller
Voir de près telle ou telle étoile voyageuse,
Et de ne revenir, ruisselante plongeuse,
De l'abîme qu'avec cette perle, le vrai !
D'ailleurs ce diamant, cet or, ce minerai,
Le réel, quel mineur le trouve? Qui donc creuse
Et fouille assez avant dans la nature affreuse
Pour pouvoir affirmer quoi que ce soit? Hormis
L'autel connu, les jougs sacrés, les dieux permis,
Et le temple doré que la foule contemple,
Et l'espèce de ciel qui s'adapte à ce temple,
Rien n'est certain. Est-il rien de plus surprenant
Qu'un rêveur qui demande au mystère tonnant,
A ces bleus firmaments où se croisent les sphères,
De lui conter à lui curieux leurs affaires,
Et qui veut avec l'ombre et le gouffre profond
Entrer en pourparlers pour savoir ce qu'ils font,
Quel jour un astre sort, quel jour un soleil rentre,
Et qui, pour éclairer l'immensité de l'antre
Où la Pléiade avec Sirius se confond,
Allume sa chandelle et dit : J'ai vu le fond !
Un pygmée à ce point peut-il être imbécile ?
Oui, Cardan de Pavie, Hicétas de Sicile
Furent extravagants, mais parmi les songeurs
Qui veillent, épiant les nocturnes rougeurs,

En est-il un, parmi les pires, qui promette
Le retour de ce monstre éperdu, la comète ?
La comète est un monde incendié qui court,
Furieux, au delà du firmament trop court;
Elle a la ressemblance affreuse de l'épée;
Est-ce qu'on ne voit pas que c'est une échappée ?
Peut-être est-ce un enfer dans le ciel envolé.
Ah! vous ouvrez sa porte! Ah! vous avez sa clé!
Comme du haut d'un pont on voit l'eau fuir sous l'arche,
Vous voyez son voyage et vous suivez sa marche;
Vous distinguez de loin sa sinistre maison;
Ah! vous savez au juste et de quelle façon
Elle s'évade et prend la fuite dans l'abîme!
Ce qu'ignorait Jésus, ce que le Kéroubime
Ne sait pas, ce que Dieu connaît, vous le voyez!
Les yeux d'une lumière invisible noyés,
Pensif, vous souhaitez déjà la bienvenue
Dans notre gouffre d'ombre à l'immense inconnue!
Vous savez le total quand Dieu jette les dés!
Quoi! cet astre est votre astre, et vous lui défendez
De s'attarder, d'errer dans quelque route ancienne,
Et de perdre son temps, et votre heure est la sienne!
Ah! vous savez le rhythme énorme de la nuit!
Il faut que ce volcan échevelé qui fuit,
Que cette hydre, terreur du Cancer et de l'Ourse,
Se souvienne de vous au milieu de sa course
Et tel jour soit exacte à votre rendez-vous!
Quoi! pour avoir, ainsi qu'à l'épouse l'époux,

Donné vos nuits à l'âpre algèbre, quoi! pour être
Attentif au zénith comme au dogme le prêtre,
Quoi! pour avoir pâli sur les nombres hagards
Qui d'Hermès et d'Euclide ont troublé les regards,
Vous voilà le seigneur des profondes contrées!
Vous avez dans la cage horrible vos entrées!
Vous pouvez, grâce au chiffre escorté de zéros,
Prendre aux cheveux l'étoile à travers les barreaux !
Vous connaissez les mœurs des fauves météores,
Vous datez les déclins, vous réglez les aurores,
Vous montez l'escalier des firmaments vermeils,
Vous allez et venez dans la fosse aux soleils!
Quoi! vous tenez le ciel comme Orphée une lyre !
En vertu des bouquins qu'on peut sur les quais lire
Qui sur les parapets s'étalent tout l'été
Feuilletés par le vent sans curiosité,
Vous atome, âme aveugle à tâtons élargie,
De par Bezout, de par l'X et l'Y grec, magie
Dont l'informe grimoire emplit votre grenier,
Vous nain, vous avez fait l'Infini prisonnier !
Votre altière hypothèse à vos calculs l'attelle !
Vous savez tout! le temps que met l'aube immortelle
A traverser l'azur d'un bout à l'autre bout,
Ce qui, dans les chaos, couve, fermente et bout,
Le bouvier, le lion, le chien, les dioscures,
La possibilité des rencontres obscures,
L'empyrée en tous sens par mille feux rayé,
Les cercles que peut faire un satan ennuyé

En crachant dans le puits de l'abîme, les ondes
Du divin tourbillon qui tourmente les mondes
Et les secoue ainsi que le vent le sapin,
Vous avez tout noté sur votre calepin !
Vous êtes le devin d'en haut, le cicerone
Du pâle Aldebaran inquiet sur son trône !
Vous êtes le montreur d'Allioth, d'Arcturus,
D'Orion, des lointains univers apparus,
Et de tous les passants de la forêt des astres !
Vous en savez plus long que les grands Zoroastres
Et qu'Esdras qui hantait les chênes de Membré ;
Vous êtes le cornac du prodige effaré ;
La comète est à vous ; vous êtes son pontife ;
Et vous avez lié votre fil à la griffe
De cet épouvantable oiseau mystérieux,
Et vous l'allez tirer à vous du fond des cieux !
Londre, offre ton Bedlam ! Paris, ouvre Bicêtre !

Tout cela s'écroula sur Halley.

                                Votre ancêtre,
O rêveurs ! c'est le noir Prométhée, et vos cœurs,
Mordus comme le sien par les vautours moqueurs,
Saignent, et vous avez au pied la même chaîne ;
L'homme a pour les chercheurs un Caucase de haine ;
Empédocle est toujours brûlé par son volcan ;

Tous les songeurs, marqués au front, mis au carcan,
Râlent sur l'éternel pilori des génies
Et des fous. Ce Halley, certes, qu'aux gémonies
Rome eût traîné, qu'Athène au cloaque eût poussé,
Était impie, à moins qu'il ne fût insensé !
Jamais homme ici-bas ne s'était vu proscrire
Par un si formidable et sombre éclat de rire ;
Tout l'accabla, les gens légers, les sérieux,
Et les grands gestes noirs des prêtres furieux.
Quoi ! cet homme saurait ce que la Bible ignore !
La vaste raillerie est un dôme sonore
Au-dessus d'une tête, et ce sinistre mur
Parle et de mille échos emplit un crâne obscur.
C'est ainsi que le rire, infâme et froid visage,
Parvient à faire un fou de ce qui fut un sage.
Halley morne s'alla cacher on ne sait où.
Avait-il été sage et fut-il vraiment fou ?
On ne sait. Le certain c'est qu'il courba la tête
Sous le sarcasme, atroce et joyeuse tempête,
Et qu'il baissa les yeux qu'il avait trop levés.
Les petits enfants nus courant sur les pavés
Le suivaient, et la foule en tumulte accourue
Riait, quand il passait le soir dans quelque rue,
Et l'on disait : C'est lui ! chacun voulant punir
L'homme qui voit de loin une étoile venir.
C'est lui ! le fou ! Les cris allaient jusqu'aux nuées ;
Et le pauvre homme errait triste sous les huées.
Il mourut.

LA COMÈTE.

L'ombre est vaste et l'on n'en parla plus.
L'homme que tout le monde insulte est un reclus,
On l'évite vivant et mort on le rature.
Ce noir vaincu rentra dans la sombre nature ;
Il fut ce qui s'en va le soir sous l'horizon ;
On le mit dans un coin quelconque d'un gazon
A côté d'une église obscure, vraie ou fausse ;
Et la blême ironie autour de cette fosse
Voleta quelque temps, étant chauve-souris ;
Un mort donne fort peu de joie aux beaux-esprits ;
Un cercueil bafoué ne vaut pas qu'on s'en vante ;
Ce qui plaît, c'est de voir saigner la chair vivante ;
Contre ce qui n'est plus pourquoi s'évertuer,
Et, quand un homme est mort, à quoi bon le tuer?
Que sert d'assassiner de l'ombre et de la cendre?
Donc chez les vers de terre on le laissa descendre ;
La haine s'éteignit comme toute rumeur;
On finit par laisser tranquille ce dormeur,
Et tu t'en emparas, profonde pourriture ;
Ce jouet des vivants tomba dans l'ouverture
De l'inconnu, silence, ombre où s'épanouit
La grande paix sinistre éparse dans la nuit;
Et l'herbe, ce linceul, l'oubli, ce crépuscule,
Eurent vite effacé ce tombeau ridicule.
L'oubli, c'est la fin morne; on oublia le nom,
L'homme, tout; ce rêveur digne du cabanon,
Ces calculs poursuivant dans leur vagabondage
Des astres qui n'ont point d'orbite et n'ont point d'âge,

Ces soleils à travers les chiffres aperçus;
Et la ronce se mit à pousser là-dessus.

Un nom, c'est un haillon que les hommes lacèrent,
Et cela se disperse au vent.

                        Trente ans passèrent.
On vivait. Que faisait la foule? Est-ce qu'on sait?
Et depuis bien longtemps personne ne pensait
Au pauvre vieux rêveur enseveli sous l'herbe.
Soudain, un soir, on vit la nuit noire et superbe,
A l'heure où sous le grand suaire tout se tait,
Blêmir confusément, puis blanchir, et c'était
Dans l'année annoncée et prédite, et la cime
Des monts eut un reflet étrange de l'abîme
Comme lorsqu'un flambeau rôde derrière un mur,
Et la blancheur devint lumière, et dans l'azur
La clarté devint pourpre, et l'on vit poindre, éclore,
Et croître on ne sait quelle inexprimable aurore
Qui se mit à monter dans le haut firmament
Par degrés et sans hâte et formidablement;
Les herbes des lieux noirs que les vivants vénèrent
Et sous lesquelles sont les tombeaux, frissonnèrent;
Et soudain, comme un spectre entre en une maison,

Apparut, par-dessus le farouche horizon,
Une flamme emplissant des millions de lieues,
Monstrueuse lueur des immensités bleues,
Splendide au fond du ciel brusquement éclairci ;
Et l'astre effrayant dit aux hommes : « Me voici ! »

XVII

CHANGEMENT D'HORIZON

CHANGEMENT D'HORIZON

―

Homère était jadis le poëte ; la guerre
Etait la loi ; vieillir était d'un cœur vulgaire ;
La hâte des vivants et leur unique effort
Était l'embrassement tragique de la mort.
Ce que les dieux pouvaient donner de mieux à l'homme,
C'était un grand linceul libérateur de Rome,

Ou quelque saint tombeau pour Sparte et pour ses lois ;
L'adolescent hagard se ruait aux exploits ;
C'était à qui ferait plus vite l'ouverture
Du sépulcre, et courrait cette altière aventure.
La mort avec la gloire, ô sublime présent !
Ulysse devinait Achille frémissant ;
Une fille fendait du haut en bas sa robe,
Et tous criaient : Voilà le chef qu'on nous dérobe !
Et la virginité sauvage de Scyros
Était le masque auguste et fatal des héros ;
L'homme était pour l'épée un fiancé fidèle ;
La muse avait toujours un vautour auprès d'elle ;
Féroce, elle menait aux champs ce déterreur.
Elle était la chanteuse énorme de l'horreur,
La géante du mal, la déesse tigresse,
Le grand nuage noir de l'azur de la Grèce.
Elle poussait aux cieux des cris désespérés.
Elle disait : Tuez ! tuez ! tuez ! mourez !
Des chevaux monstrueux elle mordait les croupes,
Et, les cheveux au vent, s'effarait sur les groupes
Des hommes dieux étreints par les héros titans ;
Elle mettait l'enfer dans l'œil des combattants,
L'éclair dans le fourreau d'Ajax, et des courroies
Dans les pieds des Hectors traînés autour des Troies ;
Pendant que les soldats touchés du dard sifflant,
Pâles, tombaient, avec un ruisseau rouge au flanc,
Que les crânes s'ouvraient comme de sombres urnes,
Que les lances trouaient son voile aux plis nocturnes,

Que les serpents montaient le long de son bras blanc,
Que la mêlée entrait dans l'Olympe en hurlant,
Elle chantait, terrible et tranquille, et sa bouche
Fauve, bavait du sang dans le clairon farouche !
Et les casques, les tours, les tentes, les blessés,
Les noirs fourmillements de morts dans les fossés,
Les tourbillons de chars et de drapeaux, les piques
Et les glaives, volaient dans ses souffles épiques !
La muse est aujourd'hui la Paix, ayant les reins
Sans cuirasse et le front sous les épis sereins ;
Le poëte à la mort dit : Meurs, guerre, ombre, envie ! —
Et chasse doucement les hommes vers la vie ;
Et l'on voit de ses vers, goutte à goutte, des pleurs
Tomber sur les enfants, les femmes et les fleurs,
Et des astres jaillir de ses strophes volantes ;
Et son chant fait pousser des bourgeons verts aux plantes ;
Et ses rêves sont faits d'aurore, et, dans l'amour,
Sa bouche chante et rit, toute pleine de jour.

*

En vain, montrant le poing dans tes mornes bravades,
Tu menaces encor, noir passé ; tu t'évades !

C'est fini. Les vivants savent que désormais,
S'ils le veulent, les plans hideux que tu formais
Crouleront, qu'il fait jour, que la guerre est impie,
Et qu'il faut s'entr'aider, car toujours l'homme expie
Ses propres lâchetés, ses propres trahisons ;
Ce que nous serons sort de ce que nous faisons.
Moi, proscrit, je travaille à l'éclosion sainte
Des temps où l'homme aura plus d'espoir que de crainte
Et contemplera l'aube, afin de s'ôter mieux
L'enfer du cœur, ayant le ciel devant les yeux.

XVIII

LE GROUPE DES IDYLLES

LE GROUPE DES IDYLLES

I

ORPHÉE

J'atteste Tanaïs, le noir fleuve aux six urnes,
Et Zeus qui fait traîner sur les grands chars nocturnes
Rhéa par des taureaux et Nyx par des chevaux,
Et les anciens géants et les hommes nouveaux,
Pluton qui nous dévore, Uranus qui nous crée,
Que j'adore une femme et qu'elle m'est sacrée.

Le monstre aux cheveux bleus, Poséidon, m'entend;
Qu'il m'exauce. Je suis l'âme humaine chantant,
Et j'aime. L'ombre immense est pleine de nuées,
La large pluie abonde aux feuilles remuées,
Borée émeut les bois, Zéphyr émeut les blés,
Ainsi nos cœurs profonds sont par l'amour troublés.
J'aimerai cette femme appelée Eurydice,
Toujours, partout ! Sinon que le ciel me maudisse,
Et maudisse la fleur naissante et l'épi mûr !
Ne tracez pas de mots magiques sur le mur.

II

SALOMON

Je suis le roi qu'emplit la puissance sinistre;
Je fais bâtir le temple et raser les cités;
Hiram mon architecte et Charos mon ministre
   Rêvent à mes côtés;

L'un étant ma truelle et l'autre étant mon glaive,
Je les laisse songer et ce qu'ils font est bien;
Mon souffle monte au ciel plus haut que ne s'élève
    L'ouragan libyen;

Dieu même en est parfois remué. Fils d'un crime,
J'ai la sagesse énorme et sombre; et le démon
Prendrait, entre le ciel suprême et son abîme,
    Pour juge Salomon.

C'est moi qui fais trembler et c'est moi qui fais croire;
Conquérant on m'admire, et, pontife, on me suit;
Roi, j'accable ici-bas les hommes par la gloire,
    Et, prêtre, par la nuit;

J'ai vu la vision des festins et des coupes
Et le doigt écrivant Mané Thécel Pharès,
Et la guerre, les chars, les clairons, et les croupes
    Des chevaux effarés;

Je suis grand; je ressemble à l'idole morose;
Je suis mystérieux comme un jardin fermé;
Pourtant, quoique je sois plus puissant que la rose
    N'est belle au mois de mai,

On peut me retirer mon sceptre d'or qui brille,
Et mon trône, et l'archer qui veille sur ma tour,
Mais on n'ôtera pas, ô douce jeune fille,
  De mon âme l'amour;

On n'en ôtera pas l'amour, ô vierge blonde
Qui comme une lueur te mires dans les eaux,
Pas plus qu'on n'ôtera de la forêt profonde
  La chanson des oiseaux.

III

ARCHILOQUE

Le pilote connaît la figure secrète
Du fond de la mer sombre entre Zante et la Crète,
Le sage médecin connaît le mal qu'on a,
Le luthier, par la muse instruit, sait qu'Athana
A fait la flûte droite et Pan la flûte oblique;
Moi, je ne sais qu'aimer. Tout ce qu'un mage explique
En regardant un astre à travers des cyprès,
Dans les bois d'Éleusis la nuit, n'est rien auprès
De ce que je devine en regardant Stellyre.

Stellyre est belle. Ayez pitié de mon délire,
Dieux immortels ! je suis en proie à sa beauté.
Sans elle je serais l'Archiloque irrité,
Mais elle m'attendrit. Muses, Stellyre est douce.
Pour que l'agneau la broute il faut que l'herbe pousse
Et que l'adolescent croisse pour être aimé.
Par l'immense Vénus le monde est parfumé ;
L'amour fait pardonner à l'Olympe la foudre ;
L'Océan en créant Cypris voulut s'absoudre,
Et l'homme adore, au bord du gouffre horrible et vain,
La tempête achevée en sourire divin.
Stellyre a la gaîté du nid chantant dans l'arbre.
Moi qui suis de Paros, je me connais en marbre,
Elle est blanche ; et pourtant femme comme Aglaura
Et Glycère ; et, rêveur, je sais qu'elle mourra.
Tout finit par finir, hélas, même les roses !
Quoique Stellyre, ô dieux, ressemble aux fleurs écloses
A l'aurore, en avril, dans les joncs des étangs,
Faites, dieux immortels, qu'elle vive longtemps,
Car il sort de cette âme une clarté sereine ;
Je la veux pour esclave, et je la veux pour reine ;
Je suis un cœur dompté par elle, et qui consent ;
Et ma haine est changée en amour. O passant,
Sache que la chanson que voici fut écrite
Quand Hipparque chassa d'Athène Onomacrite
Parce qu'il parlait bas à des dieux infernaux
Pour faire submerger l'archipel de Lemnos.

IV

ARISTOPHANE

Les jeunes filles vont et viennent sous les saules ;
Leur chevelure cache et montre leurs épaules ;
L'amphore sur leur front ne les empêche pas,
Quand Ménalque apparaît, de ralentir leur pas,
Et de dire : Salut, Ménalque ! et la feuillée,
Par le rire moqueur des oiseaux réveillée,
Assiste à la rencontre ardente des amants ;
Tant de baisers sont pris sous les rameaux charmants
Que l'amphore au logis arrive à moitié vide.
L'aïeule, inattentive au fil qu'elle dévide,
Gronde : Qu'as-tu donc fait, qui donc t'a pris la main,
Que l'eau s'est répandue ainsi sur le chemin ?
La jeune fille dit : Je ne sais pas ; et songe.
A l'heure où dans les champs l'ombre des monts s'allonge,
Le soir, quand on entend des bruits de chars lointains,
Il est bon de songer aux orageux destins
Et de se préparer aux choses de la vie ;
C'est par le peu qu'il sait, par le peu qu'il envie,
Que l'homme est sage. Aimons. Le printemps est divin ;

Nous nous sentons troublés par les fleurs du ravin,
Par l'indulgent avril, par les nids peu moroses,
Par l'offre de la mousse et le parfum des roses,
Et par l'obscurité des sentiers dans les bois.
Les femmes au logis rentrent, mêlant leurs voix,
Et plus d'une à causer sous les portes s'attarde.
Femme, qui parles mal de ton mari, prends garde,
Car ton petit enfant te regarde étonné.
Muses, vénérons Pan, de lierre couronné.

V

ASCLÉPIADE

Vous qui marchez, tournant vos têtes inquiètes,
Songez-y, le dieu Pan sait toujours où vous êtes.
Amants, si vous avez des raisons pour ne pas
Laisser voir quelle est l'ombre où se perdent vos pas,
Vous êtes mal cachés dans ce bois, prenez garde ;
La tremblante forêt songe, écoute et regarde ;
A tout ce hallier noir vous donnez le frisson ;
Craignez que vos baisers ne troublent le buisson,
Craignez le tremblement confus des branches d'arbre ;
La nature est une âme, elle n'est pas de marbre ;

L'obscur souffle inconnu qui dans ce demi-jour
Passe, et que vous prenez pour le vent, c'est l'amour ;
Et vous êtes la goutte et le monde est le vase.
Amants, votre soupir fait déborder l'extase ;
Au-dessus de vos fronts les rameaux frémissants
Mêlent leurs bruits, leurs voix, leurs parfums, leur encens ;
L'émotion au bois profond se communique,
Et la fauve dryade agite sa tunique.

VI

THÉOCRITE

O belle, crains l'Amour, le plus petit des dieux,
Et le plus grand ; il est fatal et radieux ;
Sa pensée est farouche et sa parole est douce ;
On le trouve parfois accroupi dans la mousse,
Terrible et souriant, jouant avec les fleurs ;
Il ne croit pas un mot de ce qu'il dit ; les pleurs
Et les cris sont mêlés à son bonheur tragique ;
Maïa fit la prairie, il fait la géorgique ;
L'Amour en tout temps pleure, et triomphe en tout lieu ;
La femme est confiante aux baisers de ce dieu,
Car ils ne piquent pas, sa lèvre étant imberbe.

— Tu vas mouiller ta robe à cette heure dans l'herbe,
Lyda, pourquoi vas-tu dans les champs si matin ?
Lyda répond : — Je cède au ténébreux destin,
J'aime, et je vais guetter Damœtas au passage,
Et je l'attends encor le soir, étant peu sage,
Quand il fait presque nuit dans l'orme et le bouleau,
Quand la nymphe aux yeux verts danse au milieu de l'eau.
— Lyda, fuis Damœtas ! — Je l'adore et je tremble.
Je ne puis lui donner toutes les fleurs ensemble,
Car l'une vient l'automne et l'autre vient l'été ;
Mais je l'aime. — Lyda, Lyda, crains Astarté.
Cache ton cœur en proie à la sombre chimère.
Il ne faut raconter ses amours qu'à sa mère
A l'heure matinale où le croissant pâlit,
Quand elle se réveille en riant dans son lit.

VII

BION

Allons-nous-en rêveurs dans la forêt lascive.
L'amour est une mer dont la femme est la rive,
Les saintes lois d'en haut font à ses pieds vainqueurs
Mourir le grand baiser des gouffres et des cœurs.

Viens, la forêt s'ajoute à l'âme, et Cythérée
Devient fauve et terrible en cette horreur sacrée ;
Viens, nous nous confierons aux bois insidieux,
Et nous nous aimerons à la façon des dieux ;
Il faut que l'empyrée aux voluptés se mêle,
Et l'aigle, la colombe étant sa sœur jumelle,
S'envole volontiers du côté des amants.
Les cœurs sont le miroir obscur des firmaments ;
Toutes nos passions reflètent les étoiles.
Par le déchirement magnifique des voiles
La nature constate et prouve l'unité ;
Le rayon c'est l'amour, l'astre c'est la beauté.
Hyménée ! Hyménée ! allons sous les grands chênes.
O belle, je te tiens, parce que tu m'enchaînes,
Et tu m'as tellement dans tes nœuds enchantés
Lié, saisi, que j'ai toutes les libertés ;
Je les prends ; tu ne peux t'en plaindre, en étant cause.
Si le zéphyr te fâche, alors ne sois plus rose.

VIII

MOSCHUS

O nymphes, baignez-vous à la source des bois.
Le hallier, bien qu'il soit rempli de sombres voix,
Quoiqu'il ait des rochers où l'aigle fait son airé,
N'est jamais envahi par l'ombre qui s'accroît
Au point d'être sinistre et de n'avoir plus droit
      A la nudité de Néère.

Néère est belle, douce et pure, et transparaît
Blanche, à travers l'horreur de la noire forêt;
Un essaim rôde et parle aux fleurs de la vallée,
Un écho dialogue avec l'écho voisin,
Qu'est-ce que dit l'écho? qu'est-ce que dit l'essaim?
      Qu'étant nue, elle est étoilée!

Car l'éblouissement des astres est sur toi
Quand tu te baignes, chaste, avec ce vague effroi
Que toujours la beauté mêle à sa hardiesse,
Sous l'arbre où l'œil du faune ardent te cherchera.
Tu sais bien que montrer la femme, ô Néèra,
   C'est aussi montrer la déesse.

Moi, quoique par les rois l'homme soit assombri,
Je construis au-dessus de ma tête un abri
Avec des branches d'orme et des branches d'yeuse ;
J'aime les prés, les bois, le vent jamais captif,
Néère et Phyllodoce, et je suis attentif
   A l'idylle mélodieuse.

Parce que, dans cette ombre où parfois nous dormons,
De lointains coups de foudre errent de monts en monts,
Parce que tout est plein d'éclairs visionnaires,
Parce que le ciel gronde, est-il donc en marchant
Défendu de rêver, et d'écouter le chant
   D'une flûte entre deux tonnerres ?

IX

VIRGILE

Déesses, ouvrez-moi l'Hélicon maintenant.
O bergers, le hallier sauvage est surprenant ;
On y distingue au loin de confuses descentes
D'hommes ailés, mêlés à des nymphes dansantes ;
Des clartés en chantant passent, et je les suis.
Les bois me laissent faire et savent qui je suis.
O pasteurs, j'ai Mantoue et j'aurai Parthénope ;
Comme le taureau-dieu pressé du pied d'Europe,
Mon vers, tout parfumé de roses et de lys,
A l'empreinte du frais talon d'Amaryllis ;
Les filles aux yeux bleus courent dans mes églogues ;
Bacchus avec ses lynx, Diane avec ses dogues,
Errent, sans déranger une branche, à travers
Mes poëmes, et Faune est dans mes antres verts.

Quel qu'il soit, et fût-il consul, fût-il édile,
Le passant ne pourra rencontrer mon idylle
Sans trouble, et, tout à coup, voyant devant ses pas
Une pomme rouler et fuir, ne saura pas
Si dans votre épaisseur sacrée elle est jetée,
Forêts, pour Atalante, ou bien par Galatée.
Mes vers seront si purs qu'après les avoir lus
Lycoris ne pourra que sourire à Gallus.
La forêt où je chante est charmante et superbe ;
Je veux qu'un divin songe y soit couché dans l'herbe,
Et que l'homme et la femme, ayant mon âme entre eux,
S'ils entrent dans l'églogue en sortent amoureux.

X

CATULLE

Que faire au mois d'avril à moins de s'adorer?
Viens, nous allons songer, viens, nous allons errer.
Laissons Plaute à Chloé prouver qu'il la désire
Par un triple collier de corail de Corcyre;
Laissons Psellas charmer Fuscus par ses grands yeux,
Et par l'âpre douceur d'un chant mystérieux;
Laissons César dompter la fortune changeante,
Mettre un mors à l'équestre et sauvage Agrigente,
Au Numide, à l'Ibère, au Scythe hasardeux;
Ayons le doux souci d'être seuls tous les deux.
Nous avons à nous l'air, le ciel, l'ombre, l'espace.
Nous ferons arrêter le muletier qui passe,
Nous boirons dans son outre un peu de vin sabin;
Et le soir, quand la lune, éclairant dans leur bain
Le faune et la naïade indistincte, se lève,
Nous chercherons un lit pour finir notre rêve,
Une mousse cachée au fond du hallier noir.
O belle, rien n'existe ici-bas que l'espoir,
Rien n'est sûr que l'hymen, rien n'est vrai que la joie;
L'Amour est le vautour et nos cœurs sont la proie.
Quand, ainsi qu'y monta jadis la nymphe Hellé,
Une femme apparaît sur l'Olympe étoilé,

Les dieux donnent de tels baisers à ses épaules,
Qu'une lueur subite éclaire les deux pôles,
Et la terre comprend qu'en ce ciel redouté
L'humanité s'accouple à la divinité.
Aimons. Allons aux bois où chantent les fauvettes.
Il faut vivre et sourire, il faut que tu revêtes
Cette robe d'azur qu'on nomme le bonheur.
L'Amour est un divin et tendre empoisonneur,
Laissons ce charmant traître approcher de nos bouches
Sa coupe où nous boirons les extases farouches
Et le sombre nectar des baisers éperdus.
Les cœurs sont insensés et les cieux leur sont dus;
Car la démence auguste et profonde des âmes
Met dans l'homme une étoile, et quand nous nous aimâmes
Nous nous sentîmes pleins de rayons infinis,
Et tu devins Vénus et je fus Adonis.
Le tremblement sacré des branches dans l'aurore
Conseille aux cœurs d'aimer, conseille aux nids d'éclore.
Il faut craindre et vouloir, chercher les prés fleuris,
Et rêver, et s'enfuir, mais afin d'être pris.
Adorons-nous. Ainsi je médite et je chante.
Je songe à ta pudeur souveraine et touchante,
Je regarde attendri l'antre où tu me cédas;
Pendant que, fatiguée à suivre nos soldats,
La Victoire, au-dessus de nous, dans la nuée,
Rattache sa sandale, un instant dénouée.

XI

LONGUS

Chloé nue éblouit la forêt doucement;
Elle rit, l'innocence étant un vêtement;
Elle est nue, et s'y plaît; elle est belle, et l'ignore
Elle ressemble à tous les songes qu'on adore;
Le lys blanc la regarde et n'a point l'air fâché;
La nuit croit voir Vénus, l'aube croit voir Psyché
Le printemps est un tendre et farouche mystère;
On sent flotter dans l'air la faute involontaire
Qui se pose, au doux bruit du vent et du ruisseau,
Dans les âmes ainsi que dans les bois l'oiseau.
Séve! hymen! le printemps vient, et prend la nature
Par surprise, et, divin, apporte l'aventure
De l'amour aux forêts, aux fleurs, aux cœurs. Aimez.
Dans la source apparaît la nymphe aux doigts palmés,
Dans l'arbre la dryade et dans l'homme le faune;
Le baiser envolé fait aux bouches l'aumône.

XII

DANTE

Thalès n'était pas loin de croire que le vent
Et l'onde avaient créé les femmes ; et, devant
Phellas, fille des champs, bien qu'il fût de la ville,
Ménandre n'était point parfaitement tranquille ;
Moschus ne savait pas au juste ce que c'est
Que la femme, et tremblait quand Glycère passait ;
Anaxagore, ayant l'inconnu pour étude,
Regardait une vierge avec inquiétude ;
Virgile méditait sur Lycoris ; Platon
Dénonçait à Paphos l'odeur du Phlégéton ;
Plaute évitait Lydé ; c'est que ces anciens hommes
Redoutaient vaguement la planète où nous sommes ;
Agd et Tellus étaient des femelles pour eux ;
Ils craignaient le travail perfide et ténébreux
Des parfums, des rayons, des souffles et des sèves.
Les femmes après tout sont peut-être des rêves ;
Quelle âme ont-elles? Nul ne peut savoir quel dieu
Ou quel démon sourit dans la nuit d'un œil bleu ;

Nul ne sait, dans la vie immense enchevêtrée,
Si l'antre où rêve Pan, l'herbe où se couche Astrée,
Si la roche au profil pensif, si le zéphyr,
Si toute une forêt acharnée à trahir,
A force d'horreur, d'ombre, et d'aube, et de jeunesse,
Ne peut transfigurer en femme une faunesse;
Dans tout ils croyaient voir quelque spectre caché
Poindre, et Démogorgon s'ajoutait à Psyché.
Ces sages d'autrefois se tenaient sur leurs gardes.
La possibilité des méduses hagardes
Surgissant tout à coup, les rendait attentifs;
De la sombre nature ils se sentaient captifs;
Perse reconnaissait dans Eglé, la bouffonne
Qui se barbouille avec des mûres, Tisiphone;
Et plusieurs s'attendaient à voir subitement
Transparaître Erynnis sous le masque charmant
De la naïve Aglaure ou d'Iphis la rieuse;
Tant la terre pour eux était mystérieuse.

XIII

PÉTRARQUE

Elle n'est plus ici; cependant je la vois
La nuit au fond des cieux, le jour au fond des bois!
Qu'est-ce que l'œil de chair auprès de l'œil de l'âme?
On est triste; on n'a pas près de soi cette femme,
On est dans l'ombre; eh bien, cette ombre aide à la voir,
Car l'étoile apparaît surtout dans le ciel noir.
Je vois ma mère morte, et je te vois absente,
O Laure! Où donc es-tu? là-bas, éblouissante.
Je t'aime, je te vois. Sois là, ne sois pas là,
Je te vois. Tout n'est rien, si tout n'est pas cela,
Aimer. Aimer suffit; pas d'autre stratagème
Pour être égal aux dieux que ce mot charmant : J'aime.
L'amour nous fait des dons au-dessus de nos sens,
Laure, et le plus divin, c'est de nous voir absents;
C'est de t'avoir, après que tu t'es exilée;
C'est de revoir partout ta lumière envolée!
Je demande : Es-tu là, doux être évanoui?
La prunelle dit : Non, mais l'âme répond : Oui.

XIV

RONSARD

C'est fort juste, tu veux commander en cédant;
Viens, ne crains rien; je suis éperdu, mais prudent;
Suis-moi; c'est le talent d'un amant point rebelle
De conduire au milieu des forêts une belle,
D'être ardent et discret, et d'étouffer sa voix
Dans le chuchotement mystérieux des bois.
Aimons-nous au-dessous du murmure des feuilles;
Viens, je veux qu'en ce lieu voilé tu te recueilles,
Et qu'il reste au gazon par ta langueur choisi
Je ne sais quel parfum de ton passage ici;
Laissons des souvenirs à cette solitude.
Si tu prends quelque molle et sereine attitude,
Si nous nous querellons, si nous faisons la paix,
Et si tu me souris sous les arbres épais,
Ce lieu sera sacré pour les nymphes obscures;
Et le soir, quand luiront les divins Dioscures,
Ces sauvages halliers sentiront ton baiser
Flotter sur eux dans l'ombre et les apprivoiser;

Les arbres entendront des appels plus fidèles,
De petits cœurs battront sous de petites ailes,
Et les oiseaux croiront que c'est toi qui bénis
Leurs amours, et la fête adorable des nids.
C'est pourquoi, belle, il faut qu'en ce vallon tu rêves.
Et je rends grâce à Dieu, car il fit plusieurs Èves,
Une aux longs cheveux d'or, une autre au sein bruni,
Une gaie, une tendre, et quand il eut fini
Ce Dieu, qui crée au fond toujours les mêmes choses,
Avec ce qui restait des femmes, fit les roses.

XV

SHAKESPEARE

O doux être, fidèle et cependant ailé,
Ange et femme, est-il vrai que tu t'en sois allé?
Pour l'âme, la lueur inexprimable reste ;
L'âme ne perd jamais de vue un front céleste;
Et quiconque est aimé devient céleste. Hélas,
L'absence est dure, mais le cœur noir, l'esprit las
Sont consolés par l'âme, invincible voyante.
L'éclair est passager, la nuée est fuyante,

Mais l'être aimé ne peut s'éclipser. Je te vois,
Je sens presque ta main, j'entends presque ta voix.
Oui, loin de toi je vis comme on vit dans un songe;
Ce que je touche est larve, apparence, mensonge;
J'aperçois ton sourire à travers l'infini;
Et, sans savoir pourquoi, disant : Suis-je puni?
Je pleure vaguement si loin de moi tu souffres.
La nature ignorée et sainte a de ces gouffres
Où le visionnaire est voisin du réel;
Ainsi la lune est presque un spectre dans le ciel;
Ainsi tout dans les bois en fantôme s'achève;
Ainsi c'est presque au fond d'un abîme et d'un rêve
Qu'un rossignol est triste et qu'un merle est rieur.

Quel mystère insondé que l'œil intérieur!
Quelle insomnie auguste en nous! Quelle prunelle
Ouverte sur le bien et le mal, éternelle!
A quelle profondeur voit cet œil inconnu!
Comme devant l'esprit toute l'ombre est à nu!
L'œil de chair bien souvent pour l'erreur se décide.
La cécité pensive est quelquefois lucide;
Quoi donc! est-ce qu'on a besoin des yeux pour voir
L'héroïsme, l'honneur, la vertu, le devoir,
La réalité sainte et même la chimère?
Qui donc passe en clarté le grand aveugle Homère?

XVI

RACAN

Si toutes les choses qu'on rêve
Pouvaient se changer en amours,
Ma voix, qui dans l'ombre s'élève,
Osant toujours, tremblant toujours,

Qui, dans l'hymne qu'elle module,
Mêle Astrée, Eros, Gabriel,
Les dieux et les anges, crédule
Aux douces puissances du ciel,

Pareille aux nids qui, sous les voiles
De la nuit et des bois touffus,
Échangent avec les étoiles
Un grand dialogue confus,

Sous la sereine et sombre voûte
Sans murs, sans portes et sans clés,
Mon humble voix prendrait la route
Que prennent les cœurs envolés,

Et vous arriverait, touchante,
A travers les airs et les eaux,
Si toutes les chansons qu'on chante
Pouvaient se changer en oiseaux.

XVII

SEGRAIS

O fraîche vision des jupes de futaine
Qui se troussent gaîment autour de la fontaine !
O belles aux bras blancs follement amoureux !
J'ai vu passer Aminthe au fond du chemin creux ;
Elle a seize ans, et tant d'aurore sur sa tête
Qu'elle semble marcher au milieu d'une fête ;
Elle est dans la prairie, elle est dans les forêts
La plus belle, et n'a pas l'air de le faire exprès ;
C'est plus qu'une déesse et c'est plus qu'une fée,
C'est la bergère ; c'est une fille coiffée
D'iris et de glaïeuls avec de grands yeux bleus ;
Elle court dans les champs comme aux temps fabuleux
Couraient Leontium, Phyllodoce et Glycère ;

Elle a la majesté du sourire sincère;
Quand elle parle on croit entendre, ô bois profond,
Un rossignol chanter au-dessus de son front;
Elle est pure, sereine, aimable, épanouie;
Et j'en ai la prunelle à jamais éblouie;
Comme Faune la suit d'un regard enflammé!
Comme on sent que les nids, l'amour, le mois de mai,
Guettent dans le hallier ces douces âmes neuves!
Dans des prés où ne coule aucun des divins fleuves
Qu'on appelle Céphise, Eurotas ou Cydnus,
Elle trouve moyen d'avoir de beaux pieds nus;
Cette fille d'Auteuil semble née à Mégare!
Parfois dans des sentiers pleins d'ombre elle s'égare;
Oh! comme les oiseaux chuchotaient l'autre soir!
Pas plus que le raisin ne résiste au pressoir,
Pas plus que le roseau n'est au zéphyr rebelle,
Nul cœur pouvant aimer n'élude cette belle.
Comme la biche accourt et fuit à notre voix
Elle est apprivoisée et sauvage à la fois;
Elle est toute innocente et n'a pas de contrainte;
Elle donne un baiser confiant et sans crainte
A quiconque est naïf comme un petit enfant;
Contre les beaux parleurs, fière, elle se défend;
Et c'est pourquoi je fais semblant d'être stupide;
Telle est la profondeur des amoureux. Et Gnide,
Amathonte et Paphos ne sont rien à côté
Du vallon où parfois passe cette beauté.
Muses, je chante, et j'ai près de moi Stésichore,

Plaute, Horace et Ronsard, d'autres bergers encore,
J'aime, et je suis Segrais qu'on nomme aussi Tircis;
Nous sommes sous un hêtre avec Virgile assis,
Et cette chanson s'est de ma flûte envolée,
Pendant que mes troupeaux paissent dans la vallée
Et que du haut des cieux l'astre éclaire et conduit
La descente sacrée et sombre de la nuit.

XVIII

VOLTAIRE

Dans la religion voir une bucolique;
Être assez huguenot pour être catholique,
Aimer Clorinde assez pour caresser Suzon;
Suivre un peu la sagesse et beaucoup la raison,
Planter là ses amis, mais ne pas les proscrire,
Croire aux dogmes tout juste assez pour en sourire,
Être homme comme un diable, abbé comme Chaulieu,
Ne rien exagérer, pas même le bon Dieu,

Baiser le saint chausson qu'offre à la gent dévote
Le pape, et préférer le pied nu de Javotte,
Tels sont les vrais instincts d'un sage en bon état.
Force tentations, et jamais d'attentat;
Avoir on ne sait quoi d'aimable dans la faute;
Ressembler à ce bon petit chevreau qui saute
Joyeux, libre, et qui broute, et boit aux étangs verts,
Si content qu'il en met l'oreille de travers;
Donner son cœur au ciel si Goton vous le laisse,
Commettre des péchés pour aller à confesse,
Car les péchés sont gais, et font avec douceur
Aux frais du confessé vivre le confesseur;
Pas trop de passion, pas trop d'apostasie,
C'est le bon sens. Suivez cette route choisie
Et sûre. C'est ainsi qu'on vieillit sans effroi;
Et c'est ainsi qu'on a de l'esprit, fût-on roi,
Et qu'on est Henri quatre, et qu'on a ses entrées
A la grand'messe, et chez Gabrielle d'Estrées.

XIX

CHAULIEU

Ayez de la faiblesse, ô femmes; c'est charmant
D'être faibles, et l'ombre est dans le firmament
Pour prouver le besoin que parfois ont de voiles
Même la blanche aurore et même les étoiles.
Les fleurs ne savent pas ce que va faire avril,
Elles ont peur; de quoi? D'un charme, ou d'un péril?
D'un péril et d'un charme. Eh bien, toi qui te mêles
Aux fleurs, et qui les vois trembler, tremble comme elles,
Mais pas plus. Oui, tremblez, belles; mais, croyez-moi,
Sur la frayeur des fleurs copiez votre émoi.
Voyez comme elles sont promptement rassurées.
Les roses sont autant de molles Cythérées,
Point méchantes; l'épine est la sœur du parfum.
Le ciel n'est point pour l'homme un témoin importun.
Aimons. On y consent au fond des empyrées.
Après avoir aimé les âmes sont sacrées.
L'heure où nous brillons touche à l'heure où nous tombons,
Brillez, tombez. Jadis les sages étaient bons;

Ils conseillaient la gloire aux héros, et la chute
Aux belles. L'herbe douce après la douce lutte
Devient un trône; Horace y fait asseoir Chloé.
Ainsi qu'un vieux trumeau dépeint et décloué
L'idylle aujourd'hui pend au grand plafond céleste ;
Restaurons-la : suivons Galatée au pied leste ;
Et je serai Virgile et vous serez Églé,
O belle au frais fichu vainement épinglé !
Nous sommes des bergers, Gnide est notre village.
Attention ! je vais commencer le pillage
Des appas, et l'on va courir dans les sillons ;
Et vous ne ferez pas la chasse aux papillons,
Belle, les papillons étant de bon exemple.
O cieux profonds, l'amour est dieu, le bois est temple.
Et cette jeune fille à l'œil un peu moqueur
Est ma victorieuse et je suis son vainqueur !

XX

DIDEROT

Les philosophes sont d'avis que la nature
Se passe d'eux, ne tient qu'à sa propre droiture,
Ne consulte que l'ordre auguste, et que les lois
Sont les mêmes au fond des cieux, au fond des bois.

Vivre, aimer, tout est là. Le reste est ignorance ;
Et la création est une transparence ;
L'univers laisse voir toujours le même sceau,
L'amour, dans le soleil ainsi que dans l'oiseau ;
Nos sens sont des conseils ; des voix sont dans les choses ;
Ces voix disent : Beautés, faites comme les roses ;
Faites comme les nids, amants. Avril vainqueur
Sourit, laissez le ciel vous entrer dans le cœur.
Théocrite, ô ma belle, était tendre et facile ;
Ces bons ménétriers de Grèce et de Sicile
Chantaient juste, et leur vers reste aimable et charmeur
Même quand la saison est de mauvaise humeur ;
Ils étaient un peu fous comme tous les vrais sages ;
Ils baisaient les pieds nus, guettaient les purs visages,
N'avaient point de sophas et point de canapés,
Et couchaient sur des lits de pampres frais coupés ;
Ils se hâtaient d'aimer, car la vie est rapide ;
La dernière heure éclôt dans la première ride ;
Hélas, la pâle mort pousse d'un pied égal
Votre beauté, madame, et notre madrigal.
Vivons. Moi, j'ai l'amour pour devoir, et personne
N'a droit de s'informer, belles, si je frissonne
Parce que j'entrevois dans l'ombre un sein charmant ;
Je prends ma part du vaste épanouissement ;
Le plus sage en ce monde immense est le plus ivre.
Femme, écoute ton cœur, ne lis pas d'autre livre ;
Ce qu'ont fait les aïeux les enfants le refont,
Et l'amour est toujours la même idylle au fond ;

L'églogue en souriant se copie; elle calque
Margot sur Phyllodoce et Gros-Jean sur Ménalque.
Comme souffle le vent, comme luit le rayon,
Sois belle, aime! La vie est une fonction,
Et cette fonction par tout être est remplie
Sans qu'aucun instinct mente et qu'aucune loi plie;
Les accomplissements sont au-dessus de nous;
Le lys est pur, le ciel est bleu, l'amour est doux
Sans la permission de l'homme; nul système
N'empêche Églé de dire à Tityre : Je t'aime!
La Sorbonne n'a rien à voir dans tout cela;
Madame de Genlis peut faire *Paméla*
Sans gêner les oiseaux des bois; et les mésanges,
Les pinsons, les moineaux, bêtes qui sont des anges,
Ne s'inquiètent point d'Arnauld ni de Pascal;
Et, quand des profondeurs du ciel zodiacal,
Vers l'aurore, à travers d'invisibles pilastres,
Il redescend, avec son attelage d'astres,
Là-haut, dans l'infini, l'énorme chariot
Sait peu ce que Voltaire écrit à Thiriot.

XXI

BEAUMARCHAIS

Allez-vous-en aux bois, les belles paysannes !
Par-dessus les moulins, dont nous sommes les ânes,
Jetez tous vos bonnets, et mêlez à nos cœurs
Vos caprices, joyeux, charmants, tendres, moqueurs ;
C'est dimanche. On entend jaser la cornemuse ;
Le vent à chiffonner les fougères s'amuse ;
Fête aux champs. Il s'agit de ne pas s'ennuyer.
Les oiseaux, qui n'ont point à payer de loyer,
Changent d'alcôve autant de fois que bon leur semble ;
Tout frémit ; ce n'est pas pour rien que le bois tremble ;
Les fourches des rameaux sur les faunes cornus
Tressaillent ; copions les oiseaux ingénus ;
Ah ! les petits pillards et comme ils font leurs orges !
Regardons s'entr'ouvrir les mouchoirs sur les gorges ;
Errons, comme Daphnis et Chloé frémissants ;
Nous n'aurons pas toujours le temps d'être innocents ;
Soyons-le ; jouissons du hêtre, du cytise,
Des mousses, du gazon ; faisons cette bêtise,
L'amour, et livrons-nous naïvement à Dieu.
Puisque les prés sont verts, puisque le ciel est bleu,
Aimons. Par les grands mots l'idylle est engourdie ;

N'ayons pas l'air de gens jouant la tragédie ;
Disons tout ce qui peut nous passer par l'esprit ;
Allons sous la charmille où l'églantier fleurit,
Dans l'ombre où sont les grands chuchotements des chênes.
Les douces libertés avec les douces chaînes,
Et beaucoup de réel dans un peu d'idéal,
Voilà ce que conseille en riant floréal.
L'enfant amour conduit ce vieux monde aux lisières ;
Adorons les rosiers et même les rosières.
Oublions les sermons du pédant inhumain ;
Que tout soit gaîté, joie, éclat de rire, hymen ;
Et toi, viens avec moi, ma fraîche bien-aimée ;
Qu'on entende chanter les nids sous la ramée,
L'alouette dans l'air, les coqs au poulailler,
Et que ton fichu seul ait le droit de bâiller.

XXII

ANDRÉ CHÉNIER

O belle, le charmant scandale des oiseaux
Dans les arbres, les fleurs, les prés et les roseaux,
Les rayons rencontrant les aigles dans les nues,
L'orageuse gaîté des néréides nues

Se jetant de l'écume et dansant dans les flots,
Blancheurs qui font rêver au loin les matelots,
Ces ébats glorieux des déesses mouillées
Prenant pour lit les mers comme toi les feuillées,
Tout ce qui joue, éclate et luit sur l'horizon
N'a pas plus de splendeur que ta fière chanson.
Ton chant ajouterait de la joie aux dieux mêmes.
Tu te dresses superbe. En même temps tu m'aimes;
Et tu viens te rasseoir sur mes genoux. Psyché
Par moments comme toi prenait un air fâché,
Puis se jetait au cou du jeune dieu, son maître.
Est-ce qu'on peut bouder l'amour? Aimer, c'est naître;
Aimer, c'est savourer, aux bras d'un être cher,
La quantité de ciel que Dieu mit dans la chair;
C'est être un ange avec la gloire d'être un homme.
Oh! ne refuse rien. Ne sois pas économe.
Aimons! Ces instants-là sont les seuls bons et sûrs.
O volupté mêlée aux éternels azurs!
Extase! ô volonté de là-haut! Je soupire,
Tu songes. Ton cœur bat près du mien. Laissons dire
Les oiseaux, et laissons les ruisseaux murmurer.
Ce sont des envieux. Belle, il faut s'adorer.
Il faut aller se perdre au fond des bois farouches.
Le ciel étoilé veut la rencontre des bouches;
Une lionne cherche un lion sur les monts.
Chante! il faut chanter. Aime! il faut aimer. Aimons.
Pendant que tu souris, pendant que mon délire
Abuse de ce doux consentement du rire,

Pendant que d'un baiser complice tu m'absous,
La vaste nuit funèbre est au-dessous de nous,
Et les morts, dans l'Hadès plein d'effrayants décombres,
Regardent se lever, sur l'horizon des ombres,
Les astres ténébreux de l'Érèbe qui font
Trembler leurs feux sanglants dans l'eau du Styx profond.

*   .

L'IDYLLE DU VIEILLARD

LA VOIX D'UN ENFANT D'UN AN

Que dit-il? Croyez-vous qu'il parle? J'en suis sûr.
Mais à qui parle-t-il? A quelqu'un dans l'azur;
A ce que nous nommons les esprits; à l'espace,
Au doux battement d'aile invisible qui passe,
A l'ombre, au vent, peut-être au petit frère mort.
L'enfant apporte un peu de ce ciel dont il sort;

Il ignore, il arrive ; homme, tu le recueilles.
Il a le tremblement des herbes et des feuilles.
La jaserie avant le langage est la fleur
Qui précède le fruit, moins beau qu'elle, et meilleur,
Si c'est être meilleur qu'être plus nécessaire.
L'enfant candide, au seuil de l'humaine misère,
Regarde cet étrange et redoutable lieu,
Ne comprend pas, s'étonne, et, n'y voyant pas Dieu,
Balbutie, humble voix confiante et touchante ;
Ce qui pleure finit par être ce qui chante ;
Ses premiers mots ont peur comme ses premiers pas.
Puis il espère.

Au ciel où notre œil n'atteint pas
Il est on ne sait quel nuage de figures
Que les enfants, jadis vénérés des augures,
Aperçoivent d'en bas et qui les fait parler.
Ce petit voit peut-être un œil étinceler ;
Il l'interroge ; il voit, dans de claires nuées,
Des faces resplendir sans fin diminuées,
Et, fantômes réels qui pour nous seraient vains,
Le regarder, avec des sourires divins ;
L'obscurité sereine étend sur lui ses branches ;
Il rit, car de l'enfant les ténèbres sont blanches.
C'est là, dans l'ombre, au fond des éblouissements,
Qu'il dialogue avec des inconnus charmants ;
L'enfant fait la demande et l'ange la réponse ;

Le babil puéril dans le ciel bleu s'enfonce,
Puis s'en revient, avec les hésitations
Du moineau qui verrait planer les alcyons.
Nous appelons cela bégaiement; c'est l'abîme
Où, comme un être ailé qui va de cime en cime,
La parole, mêlée à l'éden, au matin,
Essayant de saisir là-haut un mot lointain,
Le prend, le lâche, cherche et trouve, et s'inquiète.
Dans ce que dit l'enfant le ciel profond s'émiette.
Quand l'enfant jase avec l'ombre qui le bénit,
La fauvette, attentive, au rebord de son nid
Se dresse, et ses petits passent, pensifs et frêles,
Leurs têtes à travers les plumes de ses ailes;
La mère semble dire à sa couvée : Entends,
Et tâche de parler aussi bien. — Le printemps,
L'aurore, le jour bleu du paradis paisible,
Les rayons, flèches d'or dont la terre est la cible,
Se fondent, en un rhythme obscur, dans l'humble chant
De l'âme chancelante et du cœur trébuchant.
Trébucher, chanceler, bégayer, c'est le charme
De cet âge où le rire éclôt dans une larme.
O divin clair-obscur du langage enfantin !
L'enfant semble pouvoir désarmer le destin;
L'enfant sans le savoir enseigne la nature;
Et cette bouche rose est l'auguste ouverture
D'où tombe, ô majesté de l'être faible et nu !
Sur le gouffre ignoré le logos inconnu.
L'innocence au milieu de nous, quelle largesse !

Quel don du ciel ! Qui sait les conseils de sagesse,
Les éclairs de bonté, qui sait la foi, l'amour,
Que versent, à travers leur tremblant demi-jour,
Dans la querelle amère et sinistre où nous sommes,
Les âmes des enfants sur les âmes des hommes?
Le voit-on jusqu'au fond ce langage, où l'on sent
Passer tout ce qui fait tressaillir l'innocent?
Non. Les hommes émus écoutent ces mêlées
De syllabes dans l'aube adorable envolées,
Idiome où le ciel laisse un reste d'accent,
Mais ne comprennent pas, et s'en vont en disant :
— Ce n'est rien ; c'est un souffle, une haleine, un murmure ;
Le mot n'est pas complet quand l'âme n'est pas mûre. —
Qu'en savez-vous? Ce cri, ce chant qui sort d'un nid,
C'est l'homme qui commence et l'ange qui finit.
Vénérez-le. Le bruit mélodieux, la gamme
Dénouée et flottante où l'enfance amalgame
Le parfum de sa lèvre et l'azur de ses yeux,
Ressemble, ô vent du ciel, aux mots mystérieux
Que, pour exprimer l'ombre ou le jour, tu proposes
A la grande âme obscure éparse dans les choses.
L'être qui vient d'éclore en ce monde où tout ment,
Dit comme il peut son triste et doux étonnement.
Pour l'animal perdu dans l'énigme profonde,
Tout vient de l'homme. L'homme ébauche dans ce monde
Une explication du mystère, et par lui
Au fond du noir problème un peu de jour a lui.
Oui, le gazouillement, musique molle et vague,

Brouillard de mots divins confus comme la vague,
Chant dont les nouveaux-nés ont le charmant secret,
Et qui de la maison passe dans la forêt,
Est tout un verbe, toute une langue, un échange
De l'aube avec l'étoile et de l'âme avec l'ange,
Idiome des nids, truchement des berceaux,
Pris aux petits enfants par les petits oiseaux.

XIX

TOUT LE PASSÉ

ET

TOUT L'AVENIR

TOUT LE PASSÉ

ET TOUT L'AVENIR

L'être mystérieux qui me parle à ses heures
Disait :

     *

  — Vivants ! l'orgueil habite vos demeures.
   Il fait nuit dans votre cité !
Le ciel s'étonne, ô foule en vices consumée,
Qu'il sorte de la paille en feu tant de fumée,
   De l'homme tant de vanité !

Tu regardes les cieux de travers, triste race !
Tu ne te trouves pas sous l'azur à ta place.
  Tu te plains, homme, ombre, roseau !
Balbutiant : Peut-être, et bégayant : Que sais-je ?
Tu reproches le soir à l'aube, au lys la neige,
  Et ton sépulcre à ton berceau !

Tu reproches à Dieu l'œuvre incommensurable.
Tu frémis de traîner sur ton dos misérable
  Tes vieux forfaits mal expiés,
D'être pris dans ton ciel comme en un marécage,
Et de sentir, ainsi qu'un écureuil en cage,
  Tourner ta prison sous tes pieds !

Homme, si tu pouvais, tu tenterais l'espace.
Ce globe, si ta force égalait ton audace,
  S'évaderait sous ton orteil,
Et la création irait à l'aventure
Si ton souffle pouvait, ô folle créature,
  Casser l'amarre du soleil !

Car rien n'est à ton gré ; tout te met mal à l'aise.
Ce coin du ciel est donc fait de plomb, qu'il te pèse !
      Oh ! tu voudrais rompre le sceau !
Comme tu frapperais dans tes mains, ombre frêle,
Pour la faire envoler de sa branche éternelle,
      Si la terre était un oiseau !

Hautain, dédaignant tout, que ta nef vogue ou sombre,
Tu voudrais t'en aller dans le désert de l'ombre,
      Fuir, comme fuyaient les Hébreux.
Tu dis : Rien de nouveau ! tu dis avec colère :
Toujours la même aurore ! et l'étoile polaire
      T'ennuie, ô pauvre œil ténébreux.

Tu t'irrites d'être homme, oubli, poussière, atome ;
D'ignorer quel épi tu portes, ô vil chaume !
      D'être une algue dans le reflux ;
De trembler comme un cerf que suit une lionne,
Et d'être, sous le ciel qui reste et qui rayonne,
      Celui qui passe et qui n'est plus ;

Et de ne pouvoir pas faire avec tes menaces,
Avec tes doigts crispés et tes ongles tenaces,
 Ta sagesse et ta passion,
Tes faux temples, tes faux soleils, tes faux tonnerres,
Tes meurtres, tes fureurs, tes crimes et tes guerres,
 Un pli dans la création !

*

Ces myopes, jugeant le monde à leur optique,
Disent : — « Tout est manqué, la mer épileptique
 « Bave sur les écueils grondants;
« La nuit fait le hibou si le jour fait le cygne,
« La mort, chienne de l'ombre, à qui Satan fait signe,
 « Tient l'âme humaine entre ses dents.

« Que nous veut la planète? et le globe? et la sphère?
« Un monde est un néant. Dieu ne savait que faire,
   « Et bâillait, seul dans son réduit,
« Quand, semant au hasard son œuvre et ses paroles,
« Il jeta dans les cieux toutes ces outres folles,
   « Ivres de vent, pleines de bruit.

« Qu'est-ce qu'un Dieu masqué dans l'incompréhensible?
« Pourquoi le bien voilé? Pourquoi le mal visible?
   « Pourquoi tant de brume autour d'eux?
« Pourquoi tant de fléaux sur la terre indignée?
« Et pourquoi voyons-nous ces toiles d'araignée
   « Dans le crépuscule hideux?

« Pourquoi le dur taureau qui frappe à coups de corne?
« Pourquoi l'impur typhus sorti du marais morne
   « Où jadis l'hydre s'embourbait?
« Christ voyait; à quoi bon aveugler Pythagore?
« Le lys est beau ; pourquoi créer la mandragore
   « Des gouttes de sang du gibet?

« L'azur est radieux; mais pourquoi le nuage?
« L'amour rit; mais pourquoi la douleur, ce péage?
  « Pourquoi Caïn auprès d'Abel?
« Pourquoi livrer l'esprit de l'homme au trouble immense,
« Et faire tournoyer l'alphabet en démence
   « Dans la spirale de Babel?

« Pourquoi la pourriture et pourquoi les décombres?
« Pourquoi le mille-pieds traînant ses pattes sombres?
  « Pourquoi la ronce qui nous hait?
« Pourquoi l'épine au seuil des bois, comme une lance?
« Pourquoi la mort? Pourquoi l'espace, ce silence?
   « Pourquoi l'univers, ce muet?

« On comprend le printemps, l'aube, le nid, la rose;
« Mais pourquoi les glaçons? Pourquoi le houx morose?
  « Pourquoi l'autour, ce criminel?
« Pourquoi cette ombre froide où le jour se termine?
« Pourquoi la bête fauve, et pourquoi la vermine? »
  — Pourquoi vous? répond l'Éternel.

★

Ainsi parlent ces fous malheureux. Pour ces hommes
Qui ne t'épèlent pas, mystère en qui nous sommes,
  Et qui regardent sans les voir
Les rites transparents qu'en ta nuit tu célèbres,
Dieu, c'est une figure au milieu des ténèbres,
  C'est l'horreur difforme au front noir,

C'est on ne sait quel spectre accroupi dans son antre,
Monstre dont on voit moins la face que le ventre,
  Blême au seuil des gouffres ouverts,
Idiot éternel que l'immensité porte,
Et qui rêve, ayant l'ombre en sa prunelle morte,
  Au cou ce goître, l'univers.

*

Ah! tu trouves tout mal! trop d'ombre et de misères!
D'autres mondes mieux faits te semblent nécessaires.
  L'astre naît de brouillard terni;
On peut se servir mieux du germe et du mystère! —
Parle. Dieu formidable attend, ô ver de terre,
  Tes commandes dans l'infini.

Ah! le travail te pèse et la douleur t'étonne!
Ah! décembre après juin te semble monotone!
  Ah! pourrir répugne à ta chair!
Ah! tu n'es pas content de ce cercle où l'on erre!
Bien. Fais la guerre à Dieu. Canonne le tonnerre;
  Croise l'épée avec l'éclair.

Ah ! tu portes en toi, reptile, un exemplaire
D'idéal qu'il eût dû copier pour te plaire !
    Tu compares, homme de peu,
Moucheron que prendrait l'araignée en ses toiles,
Ce que ton front contient au ciel rempli d'étoiles,
    Ce dedans du crâne de Dieu !

Montre ta force. Allons, règne. Que l'étendue
Sous ton vaste regard se prosterne éperdue ;
    Prouve aux astres leur cécité ;
Déplace les milieux, les axes et les centres ;
Fouille l'onde et l'éther ; poursuis dans tous ses antres
    La monstrueuse immensité !

Questionne, surprends, scrute, découvre, arrache !
Harponne au fond des mers le typhon qui s'y cache ;
    Trouve ce que nul n'a trouvé ;
Sois le Tout-Puissant ; fais des pêches inouïes ;
Sonde et plonge ; et reviens, traînant par les ouïes
    L'hydre Océan sur le pavé !

*

Ah ! tu dis : — Dieu n'est pas, puisque le mal existe.
Je chasse Jéhova parce que je suis triste. —
   Bien. Dresse-toi sur ton séant ;
Étouffe en toi l'amour et l'espoir ; raille et blâme ;
Ferme ton volet sourd ; allume dans ton âme
   Le hideux réchaud du néant !

Mars, Jupiter, Saturne, ô planètes profondes,
Vous du moins, vous croyez ! Le jour où tous les mondes
   Épars dans le gouffre vermeil,
Retirant l'air céleste à leur voûte obscurcie,
Nieraient à la fois Dieu, cette sombre asphyxie
   Irait éteindre le soleil !

Oh ! la création est une apothéose.
Le mont, l'arbre, l'oiseau, le lion et la rose
      Disent dans l'ombre : Sois béni !
L'immense azur écoute, et leurs hymnes l'enchantent;
Et l'océan farouche et l'âpre ouragan chantent
      Chacun leur strophe à l'infini.

L'homme seul nie et crie : — A bas ! tout est mensonge,
Rien n'existe. Le ciel est creux. L'être est un songe.
      Pillons les jours comme un butin ! —
Dieu tranquille et lointain, dore, à travers la brume,
Toute cette colère et toute cette écume
      Brisée à ce roc, le destin.

*

Donc tu fais de toi l'axe et le sommet des êtres !
Ton ventre est ton autel et tes sens sont tes prêtres ;
        Vivre est le but que tu poursuis.
Tu prétends que le ciel redoutable te craigne.
Tu dis aux mers : Je veux ! tu dis aux vents : Je règne !
        Tu dis aux étoiles : Je suis !

Ta chair s'adore et met à la torture l'âme.
Toi ! toi seul ! t'assouvir, voilà ton culte infâme ;
        Tes plaisirs sont des cruautés ;
Tu fais le mal au bord du mystère sublime ;
Tu viens t'accouder là ; dans le puits de l'abîme
        Tu craches tes iniquités.

Rien ne rassasierait ta folie incurable.
Tu voudrais exprimer dans le broc misérable
    Où tu bois, homme plein d'ennuis,
Dans ton verre où les vins immondes se répandent,
Les constellations, grappes d'astres qui pendent
    A la treille immense des nuits.

Car ton bâillement croit avoir, ô créature,
Droit de vie et de mort sur toute la nature ;
    Jéhova n'est pas excepté.
Oh ! comme frémirait d'orgueil ton âme noire,
Bandit, si tu pouvais condenser, prendre et boire
    Le monde en une volupté !

Hélas ! pour en extraire une goutte d'ivresse,
Tu tordrais l'univers, l'aube qui te caresse,
    La femme, l'enfant à l'œil bleu,
Content, sans hésiter à la savourer toute,
Et sans t'inquiéter si cette sombre goutte
    Est une larme devant Dieu !

Dieu n'est pas! Et d'ailleurs, quand, faisant ton entrée,
Beau, fier, devant la rampe assez mal éclairée,
    Tu viens éblouir tes pareils,
Toi, premier rôle, roi du drame où tu te plonges,
Toi, l'acteur du destin, veut-on pas que tu songes
    A cet allumeur de soleils?

S'il existe — il faudrait d'abord que je le visse —
Dis-tu, c'est bon, qu'il soit! et fasse son service! —
    Ah! l'homme en qui rien n'éteindra
La folle volonté de sonder l'insondable,
Mériterait qu'on mît son orgueil formidable
    Sous ta douche, ô Niagara!

Nains! Dieu vous met sa marque afin qu'on vous réclame.
Croyez-vous que la mort, qui n'accepte que l'âme,
    Et qui pèse tout dans sa main,
Si son incorruptible et sinistre prunelle
N'y reconnaissait pas l'effigie éternelle,
    Recevrait le liard humain?

*

Dieu n'est pas ! ce seul mot serait une torture.
Vous n'avez donc jamais regardé la nature ?
  Heureux le sage, humble roseau,
Qui songe, et qui, pensif, voit bondir l'avalanche
De montagne en montagne, et qui, de branche en branche
  Voit sauter le petit oiseau !

Vous n'avez donc jamais erré dans les ravines ?
Vous n'avez donc jamais, parmi les fleurs divines,
  Respiré la brise en marchant,
Et jamais écouté, dans les fermes lointaines,
Mugir les bœufs rêveurs quand rampent dans les plaines
  Les longues ombres du couchant ?

Vous n'avez donc jamais contemplé l'invisible?
Jamais vu l'idéal, et gravi du possible
  Le sommet désert, triste et grand?
Hélas! vous n'avez donc jamais, sous le ciel calme,
Vu luire l'auréole et frissonner la palme
  Et sourire un martyr mourant?

Vous n'avez donc jamais vu dans votre pensée
L'étendue, où s'en vont, d'une course insensée,
  Les ténèbres, fuyant le jour?
Jamais vu l'infini qui rit à la chaumière,
Que le soleil ne peut emplir de sa lumière,
  Mais que l'âme remplit d'amour?

Dis, tu n'as donc jamais attaché ta prunelle
Sur la profondeur morne, obscure et solennelle,
  A l'heure où le croissant reluit,
Où l'on voit s'arrondir sur les mers remuées
Ce fer d'or qu'a laissé tomber dans les nuées
  Le sombre cheval de la nuit?

*

D'autres sont les croyants, pires que les impies.
Toutes les passions dans leur âme accroupies
    Leur disent tout bas : Jouissez!
De Jéhova qui tonne ils font leur économe ;
Dieu n'est que le valet du coffre-fort de l'homme ;
    Hélas, hélas, ces insensés

De la religion ont fait leur sentinelle ;
Cieux profonds ! ils ont mis leur sac d'or sous son aile ;
    L'ange veille au lot du mortel ;
Leur champ importe au monde, à l'astre, à l'aube austère ;
Ils ont fait une borne à ce morceau de terre
    Avec la pierre de l'autel.

Pour faire une clôture à leur haie, à leur ferme,
Pour servir de lien à la barre qui ferme
            Leur verger, leur vigne ou leur pré,
Pour joindre les poteaux de leur porte en ruines,
Ils prennent, ô Jésus, la couronne d'épines
            Qui fit saigner ton front sacré !

Leur visage rayonne et plaît ; leur voix caresse ;
Ils sont doux et charmants ; la grâce enchanteresse
            Mêle son miel à leur jargon ;
Leur sourire est la fleur s'ouvrant sous les rosées ;
Le dedans est horrible, et toutes leurs pensées
            Ont la figure du dragon.

De leur humilité leur vanité se venge ;
Ils disent : Que me font, si je vis et je mange,
            La famine et le choléra !
Le faux poids dans leur droite, ils vendent, ils achètent ;
Leur âme a des secrets que les démons cachètent
            Et qu'un jour Dieu seul ouvrira.

La femme sous leurs pieds souffre, à peine vivante;
Autrefois leur esclave, aujourd'hui leur servante!
      Ils la pèsent avec l'argent.
L'enfant rampe ignorant et nu; que leur importe!
De quel droit est-il né? Le marteau de leur porte
      Glace la main de l'indigent.

Les maximes d'amour sur leur visage écrites
Mentent; ils sont méchants, avares, hypocrites,
      Faux devant l'aurore qui naît;
Ils remettent aux fers ceux que Jésus délivre;
Puis, parce qu'à des jours indiqués sur un livre,
      Pendant qu'une cloche sonnait,

Ils ont pris sous leur bras un recueil de cantiques,
Décroché leur enseigne et fermé leurs boutiques
      Et dit un benedicite,
Et qu'ils ont regardé pendant une heure un prêtre,
Et crié du latin dans l'ombre, ils pensent être
      Quittes avec l'immensité!

Ce grand Dieu se corrompt en vous, engeance folle!
Il entre dans votre âme idée, et sort idole;
  Vous l'insultez dans vos korans;
Vous lui donnez vos yeux, vos vices, vos visages,
Vous le faites d'argile, hélas! comme vos sages,
  Et d'airain comme vos tyrans!

Partout bûchers, trépieds, pagodes éphémères;
Temples monstres bâtis par des dogmes chimères;
  Thor, Vishnou, Teutatès, Ammon,
Bel qui rugit, Dagon qui siffle, Apis qui beugle;
La synagogue sourde et la mosquée aveugle;
  Noirs autels pleins d'un Dieu démon!

Les Parthénons font boire au juste la ciguë.
La cathédrale avec sa double tour aiguë,
  Debout devant le jour qui fuit,
Ignore, et, sans savoir, affirme, absout, condamne;
Dieu voit avec pitié ces deux oreilles d'âne
  Se dresser dans la vaste nuit.

⁎

Dieu! Dieu! Dieu! le rocher où la lame déferle
Compte sur lui; c'est lui qui règne; il fait la perle
  Et l'étoile pour les sondeurs;
L'azur le voile; il met, pour que le tigre y dorme,
De la mousse dans l'antre; il parle, voix énorme,
  A l'ombre dans les profondeurs.

Il règne, il songe; il fond les granits dans les soufres;
Il crée en même temps les soleils dans les gouffres
  Et le liseron dans le pré;
Pour l'avoir un jour vu, la mer est encore ivre;
Les versants du Sina sont de son vaste livre
  Le pupitre démesuré.

L'Océan calme, c'est le plat de son épée.
La montagne à sa voix s'enfuirait dissipée
  Comme de l'eau dans le gazon;
Dans les éternités sans fin continuées
Ce Père habite; il fait des arches de nuées
  Aux quatre coins de l'horizon.

Il pense, il règle, il mène, il pèse, il juge, il aime;
Et laisse les festins rire à Lucullus blême
  Qui paît, hideux, chauve et jauni,
Et se gonfle de vin comme une poche pleine;
Ce qu'une outre peut dire au ventre de Silène
  N'importe pas à l'infini.

Ce même Dieu qui fit d'avril une corbeille,
Qui fait l'oiseau chanteur pour les bois, et l'abeille
  Pour l'herbe où l'aube étincela,
Donne au Pôle effrayant, sans jour, sans fleur, sans arbre,
Pour qu'il puisse parfois chauffer ses mains de marbre,
  Ta cheminée, ô sombre Hékla!

Sous l'œil de cet esprit suprême et formidable,
L'eau monte en brume au front du pic inabordable
    Et tombe en flots du haut des monts ;
La créature éteinte est d'une autre suivie,
L'univers, où ce Dieu met la mort et la vie,
    Respire par ces deux poumons.

Devant ce Dieu s'enfuit tout ce qui hait son œuvre,
La tempête, le mal, l'épervier, la couleuvre,
    Le méchant qui ment et qui nuit,
La trombe, affreux bandit qui dans les flots se vautre,
L'hiver boiteux qui fait marcher l'un après l'autre
    Son jour court et sa longue nuit.

Il fait lâcher la proie aux bêtes carnassières.
Les morts dans le sépulcre ont perdu leurs poussières ;
    Il rêve, et sait où sont leurs os.
En entendant passer son souffle dans l'espace,
Subitement l'enfer à la gueule rapace,
    Les mondes hurlants du chaos,

Les univers punis dont la clameur s'élance,
Les bagnes monstrueux de l'ombre, font silence,
  Et dans la nuit des noirs arrêts
Cessent de secouer les chaînes qui leur pèsent,
Comme le soir, au pas d'un voyageur, se taisent
  Les grenouilles dans le marais.

Il tient une balance immense en équilibre ;
Il met dans un plateau les cieux, la mer qui vibre,
  Ceux qui sur le trône ont vécu,
Le monde et ses clartés, le mystère et ses voiles,
Et l'abîme jetant son écume d'étoiles ;
  Dans l'autre il met Caton vaincu,

Ce qu'il est? regardez au-dessus de vos têtes ;
Voyez le ciel, le jour, la nuit! Ce que vous êtes?
  Cherchez dans votre cendrier.
Son année est sans fin. Prosternez vos pensées.
Les constellations sont des mouches posées
  Sur l'énorme calendrier.

Mais voyez-le donc, vous dont les chants sont des râles,
Vivants qui ne pouvez que mourir, ombres pâles,
    Et qui ne savez qu'oublier!
L'Océan goutte à goutte en sa clepsydre pleure;
Tout Sahara, tombant grain à grain, marque l'heure
    Dans son effrayant sablier.

Mêlez-le maintenant à vos anniversaires!
Allumez vos flambeaux, égrenez vos rosaires,
    Sur vos lutrins soyez béants;
Ayez vos jours sacrés que plus de clarté dore;
Mettez, devant ce Dieu que couronne l'aurore,
    Des tiares à vos néants!

La bête des bois rit quand les hommes, vain nombre,
Vont clouant leurs erreurs sur Dieu, leur nom sur l'ombre,
    Leur date sur l'immensité,
Se font centre du monde, eux les passants rapides,
Et s'en viennent chanter leurs bouts de l'an stupides
    A la muette éternité.

*

Hélas ! l'ange Justice ouvre ses yeux sinistres.
Il écrit en rêvant des noms sur ses registres.
  Ah ! ces tristes vivants ont tort !
Devant Dieu, qui d'en haut à la paix les convie,
Et donne aux cœurs l'amour et verse aux fronts la vie,
  Ils font la haine, ils font la mort !

Ils bravent l'océan plein de magnificence,
Où flottent le mystère et la toute-puissance ;
  Ils souillent le gouffre irrité ;
Sans prendre garde au vent qui s'épuise en huées,
Ils lèvent leur bannière au milieu des nuées,
  Ces drapeaux de l'immensité !

Ils ont pour dieux la force et la ruse aux yeux louches ;
Ils font chanter des chants aux trompettes farouches
  Dont nous, esprits, nous frissonnons,
Et rouler, balafrant la nature sacrée,
Sur les champs, sur les blés, sur les fleurs que Dieu crée
  La roue horrible des canons.

Les générations meurent pour leur caprice.
Ils disent au tombeau : Prends l'homme et qu'il périsse !
  O nains, pires que les géants !
Ils ouvrent cette nuit que nul rayon ne perce ;
Ils y font brusquement tomber à la renverse
  Les pâles cadavres béants !

Ils rougissent de sang l'onde et les herbes vertes ;
Ils dressent au sommet des collines désertes
  Le noir gibet silencieux
Qui reste tout le jour sans changer d'attitude,
Mais qui, dès que la nuit brunit la solitude,
  Élève ses bras vers les cieux.

Nous sommes la justice auguste, immaculée !
Disent-ils, s'étalant dans leur chambre étoilée
    Qu'entourent les spectres camards ;
Et, pendant que la foule approuve et les admire,
Un long sanglot mêlé d'un long éclat de rire
    Va des Montfaucons aux Clamarts !

Ces hommes insensés se vautrent dans la joie ;
Ils ont des lits de pourpre et des manteaux de soie ;
    Ils vivent, d'ombre et d'or chargés ;
Cette vie est pour eux un palais plein de fêtes ;
Ils laissent derrière eux les choses qu'ils ont faites.
    C'est bien, buvez ; c'est bien, mangez ;

Pendant qu'en haut la table éblouit les convives,
Et que les bouches sont comme des sources vives,
    Que la chair fume avec l'encens,
Pendant que les archers gardent les avenues,
Que l'amour rit au spectre, et que les toutes nues
    Chantent auprès des tout-puissants ;

Pendant que le banquet, rayonnant comme un phare,
Mêle le choc du verre au son de la fanfare,
      Et qu'ils s'enivrent dans la nuit,
Sans même, dans leur joie immonde et sépulcrale,
S'informer s'il n'est pas quelque obscure spirale
      Sous la salle pleine de bruit,

O morts qui vous taisez au fond des catacombes,
L'expiation prend les pierres de vos tombes
      Dans l'insondable profondeur,
Et de ces marbres froids qui dans l'ombre descendent
Fait un sombre escalier dont les marches attendent
      Les lourds talons du commandeur!

Pensif, je répondis à l'archange nocturne :

*

— Sévère esprit, ta voix sanglote comme l'urne
  Qui verse un flot noir et glacé.
Sur qui te penches-tu? Tes paroles s'adressent
Aux tristes nations d'hier qui disparaissent,
  Aux pâles foules du passé.

Ton cri ressemble au chant des mornes Isaïes.
Le mystère autrefois, de ses brumes haïes,
   Obstruait la terre et les cieux ;
Et l'homme avait besoin que les prophètes blêmes
Lui parlassent du seuil de tous ces noirs problèmes
   Ouvrant leurs porches monstrueux.

L'homme ignorait. Marchant loin du sentier qui sauve,
Il allait au hasard dans la nature fauve,
   Comme le loup au fond des bois,
Sourd à ces alphabets, perdu dans ces algèbres ;
Les prophètes alors, dans ces grandes ténèbres
   Élevèrent leurs grandes voix.

Il fallait avertir l'homme au bord de l'abîme
Tout ici-bas semblait lui conseiller le crime ;
   Temps rude où le mal triomphait !
La forêt, de l'embûche était le noir ministre.
L'arbre avait l'air d'un monstre, et le rocher sinistre
   Avait la forme du forfait.

Ici gémissait Job, et là chantait Sodome.
L'homme à tous les fléaux, horrible, ajoutait l'homme ;
    La guerre infâme aidait la faim ;
Comme on brûle une paille on allumait les villes ;
Et l'on voyait Judas sortir des choses viles,
    Et des choses sombres Caïn.

Les prophètes chassaient le mal ; ces personnages
Rendaient au Dieu vivant d'augustes témoignages ;
    L'homme de ces temps inhumains,
Affreux, baignant de sang les champs, l'onde et les sables,
S'arrêtait, s'il voyait ces songeurs formidables,
    Pâles et levant leurs deux mains.

Ils descendaient des monts, portant de sombres tables ;
Ils mouraient en laissant les Talmuds redoutables
    Ouverts sur l'aile des griffons,
Les farouches Védas, les Eddas, les Genèses,
Registres éclairés du reflet des fournaises,
    Pages pleines de bruits profonds.

Ils épouvantaient l'homme et la terre méchante;
Et depuis cinq mille ans, pendant que l'aube chante
    Et que la fleur verse l'encens,
Le genre humain qui passe et que le temps dénombre
Entend, dans la caverne effrayante de l'ombre,
    Gronder ces livres rugissants.

Mais le passé s'en va. Regarde-nous; nous sommes
Un autre Adam, une autre Ève, de nouveaux hommes
    Nous bénissons quand nous souffrons.
Hier vivait d'horreur, de deuil, de sang, de fange;
Hier était le monstre et Demain sera l'ange;
    Le point du jour blanchit nos fronts.

Deux êtres sont en nous: l'un ailé, l'autre immonde;
L'un montant vers Dieu, l'autre ombre et tache du monde,
    Se ruant dans d'infâmes lits;
Et, pendant que le corps, marchant sur des semelles,
Vil, abject, boit l'opprobre et la lie aux gamelles,
    L'âme boit la rosée aux lys.

L'œuvre du genre humain, c'est de délivrer l'âme ;
C'est de la dégager du triste épithalame
    Que lui chante le corps impur ;
C'est de la rendre, chaste, à la clarté première ;
Car Dieu rêveur a fait l'âme pour la lumière
    Comme il fit l'aile pour l'azur.

Nous ne sommes plus ceux qui riaient à la face
De l'ombre impénétrable où tout rentre et s'efface,
    Qui faisaient le mal sans frayeur,
Qui jetaient au cercueil ce cri : Va-t'en ! je nie !
Et mettaient le néant, le rire et l'ironie
    Dans la pelle du fossoyeur.

Nous croyons en ce Dieu vivant ; sa foi nous brûle ;
Il inspire Brutus sur la chaise curule,
    Guillaume Tell sous le sayon ;
Nous allumons, courbés sous son vent qui nous pousse,
Notre liberté fière à sa majesté douce
    Et notre foudre à son rayon.

Il fait germer le ver dans sa morne cellule,
Change la larve affreuse en vive libellule,
    Transfigure, affranchit, construit,
Émeut les tours de pierre et les tentes de toiles,
Et crée et vit! c'est lui qui pénètre d'étoiles
    Les ailes noires de la nuit.

Sa tiare splendide est une ruche immense,
Où, des roses soleils apportant la semence
    Et de l'astre apportant le miel,
Essaim de flamme ayant les mondes pour Hymètes,
Mouches de l'infini, les abeilles comètes
    Volent de tous les points du ciel.

Le Mal, le glaive au poing, voilé d'un voile d'ombre,
Nous guette; et la forêt que la broussaille encombre,
    L'âpre rocher, le flot ingrat,
L'aident, complices noirs, contre la créature,
Et semblent par moments faire de la nature
    L'antre où rêve ce scélérat.

Mais nous luttons, esprit ! nous vaincrons. Dieu nous mène.
Il est le feu qui va devant l'armée humaine,
    Le Dieu d'Ève et de Débora.
Un jour, bientôt, demain, tout changera de forme.
Et dans l'immensité, comme une fleur énorme,
    L'univers s'épanouira !

Nous vaincrons l'élément ! cette bête de somme
Se couchera dans l'ombre à plat ventre sous l'homme ;
    La matière aura beau hurler ;
Nous ferons de ses cris sortir l'hymne de l'ordre ;
Et nous remplacerons les dents qui veulent mordre
    Par la langue qui sait parler.

Quand nous aurons fini le travail de la vigne,
Quand au Dieu qui fit l'aigle et l'air, l'onde et le cygne,
    La tourmente et Léviathan,
Nous aurons rapporté toutes nos âmes anges,
Nous ferons du panier de ces saintes vendanges
    La muselière de Satan.

Satan, c'est l'appétit, pourceau qui mord l'idée ;
C'est l'ivresse, fond noir de la coupe vidée ;
   Satan, c'est l'orgueil sans genoux ;
C'est l'égoïsme, heureux du sang où ses mains trempent ;
C'est le ventre hideux, cette caverne où rampent
   Tous les monstres qui sont en nous.

Satan, c'est la douleur, c'est l'erreur, c'est la borne,
C'est le froid ténébreux, c'est la pesanteur morne,
   C'est la vis du sanglant pressoir ;
C'est la force d'en bas liant tout de ses chaînes
Qui fait dans le ravin, sous l'ombre des grands chênes,
   Crier les chariots le soir.

Nous allons à l'amour, au bien, à l'harmonie.
O vivants qui flottez dans l'énigme infinie,
   Un arbre, auguste à tous les yeux,
Conduit votre navire à travers l'âpre abîme ;
Jésus ouvre ses bras sur la vergue sublime
   De ce grand mât mystérieux.

Derrière nous décroît le mal, noire masure.
Bientôt nous toucherons au port, le flot s'azure.
    L'homme qu'en vain le deuil poursuit,
Ne verra plus tomber dans l'ombre sur sa tête
L'effroi, l'hiver, l'horreur, l'ouragan, la tempête,
    Ces vomissements de la nuit.

Nous chasserons la guerre et le meurtre à coups d'aile,
Et cette frémissante et candide hirondelle
    Qui vole vers l'éternité,
L'espérance, adoptant notre maison amie,
Viendra faire son nid dans la gueule endormie
    Du vieux monstre Fatalité.

Les peuples trouveront de nouveaux équilibres ;
Oui, l'aube naît, demain les âmes seront libres ;
    Le jour est fait par le volcan ;
L'homme illuminera l'ombre qui l'environne ;
Et l'on verra, changeant l'esclavage en couronne,
    Des fleurons sortir du carcan.

Et quand ces temps viendront, ô joie ! ô cieux paisibles !
Les astres, aujourd'hui l'un pour l'autre terribles,
      Se regarderont doucement ;
Les globes s'aimeront comme l'homme et la femme ;
Et le même rayon qui traversera l'âme
      Traversera le firmament.

Les sphères vogueront avec le son des lyres.
Au lieu des mondes noirs pleins d'horribles délires,
      Qui rugissent vils et maudits,
On entendra chanter sous le feuillage sombre
Les édens enivrés, et l'on verra dans l'ombre
      Resplendir les bleus paradis.

Dieu voudra. Tout à coup on verra les discordes,
La hache et son billot, les gibets et leurs cordes,
      L'impur serpent des cieux banni,
Le sang, le cri, la haine, et l'ordure, et la vase,
Se changer en amour et devenir extase
      Sous un baiser de l'infini.

Dieu met, quand il lui plaît, sur l'orage et la haine,
Sur la foudre, forçat dont on entend la chaîne,
    La sainte serrure des cieux,
Et, laissant écumer leurs voix exténuées,
Ferme avec l'arc-en-ciel courbé dans les nuées
    Ce cadenas mystérieux.

Au fond du gouffre où sont ceux qui se font proscrire,
Des plus profonds enfers, stupéfaits de sourire,
    L'amour ira baiser les gonds,
Comme un rayon de l'aube, à l'orient ouverte,
Va dans la profondeur de l'eau sinistre et verte
    Jusqu'aux écailles des dragons.

Les globes se noueront par des nœuds invisibles ;
Ils s'enverront l'amour comme la flèche aux cibles ;
    Tout sera vie, hymne et réveil ;
Et comme des oiseaux vont d'une branche à l'autre,
Le Verbe immense ira, mystérieux apôtre,
    D'un soleil à l'autre soleil.

Les mondes, qu'aujourd'hui le mal habite et creuse,
Échangeront leur joie à travers l'ombre heureuse
  Et l'espace silencieux ;
Nul être, âme ou soleil, ne sera solitaire ;
L'avenir, c'est l'hymen des hommes sur la terre
  Et des étoiles dans les cieux.

XX

Un poëte est un monde enfermé dans un homme.
Plaute en son crâne obscur sentait fourmiller Rome;
Mélésigène, aveugle et voyant souverain
Dont la nuit obstinée attristait l'œil serein,
Avait en lui Calchas, Hector, Patrocle, Achille;
Prométhée enchaîné remuait dans Eschyle;

Rabelais porte un siècle ; et c'est la vérité
Qu'en tout temps les penseurs couronnés de clarté,
Les Shakspeares féconds et les vastes Homères,
Tous les poëtes saints, semblables à des mères,
Ont senti dans leurs flancs des hommes tressaillir,
Tous, l'un le roi Priam et l'autre le roi Lear.
Leur fruit croît sous leur front comme au sein de la femme.
Ils vont rêver aux lieux déserts ; ils ont dans l'âme
Un éternel azur qui rayonne et qui rit ;
Ou bien ils sont troublés, et dans leur sombre esprit
Ils entendent rouler des chars pleins de tonnerres.
Ils marchent effarés, ces grands visionnaires.
Ils ne savent plus rien, tant ils vont devant eux,
Archiloque appuyé sur l'iambe boiteux,
Euripide écoutant Minos, Phèdre et l'inceste.
Molière voit venir à lui le morne Alceste,
Arnolphe avec Agnès, l'aube avec le hibou,
Et la sagesse en pleurs avec le rire fou.
Cervantes pâle et doux cause avec don Quichotte ;
A l'oreille de Job Satan masqué chuchote ;
Dante sonde l'abîme en sa pensée ouvert ;
Horace voit danser les faunes à l'œil vert,
Et Marlow suit des yeux au fond des bois l'émeute
Du noir sabbat fuyant dans l'ombre avec sa meute.

Alors, de cette foule invisible entouré,
Pour la création le poëte est sacré.

L'herbe est pour lui plus molle et la grotte plus douce ;
Pan fait plus de silence en marchant sur la mousse ;
La nature, voyant son grand enfant distrait,
Veille sur lui ; s'il est un piége en la forêt,
La ronce au coin du bois le tire par la manche
Et dit : Ne va pas là ! Sous ses pieds la pervenche
Tressaille ; dans le nid, dans le buisson mouvant,
Dans la feuille, une voix, vague et mêlée au vent,
Murmure : — C'est Shakspeare et Macbeth ! — C'est Molière
Et don Juan ! — C'est Dante et Béatrix ! — Le lierre
S'écarte, et les halliers, pareils à des griffons,
Retirent leur épine, et les chênes profonds,
Muets, laissent passer sous l'ombre de leurs dômes
Ces grands esprits parlant avec ces grands fantômes.

XXI

LE TEMPS PRÉSENT

— *Voir page 109* —

La Vérité, lumière effrayée, astre en fuite,
Évitant on ne sait quelle obscure poursuite,
Après s'être montrée un instant, disparaît.
Ainsi qu'une clarté passe en une forêt,
Elle s'en est allée au loin dans l'étendue,
Et s'est dans l'infini mystérieux perdue,

Mêlée à l'ouragan, mêlée à la vapeur,
Sombre, et de leur côté les hommes ont eu peur.
Peur d'elle, comme elle a peur des hommes peut-être.
Son effacement laisse obscure la fenêtre
Ouverte dans notre âme et béante au milieu
De l'ombre où l'épaisseur du temple cache Dieu.
Maintenant il fait nuit, le mensonge est à l'aise.
Cependant, par moments, sur la noire falaise,
D'où l'on voit l'inconnu sans borne, et les roulis
Du firmament tordant les astres dans ses plis,
Sommet d'où l'on entend Dieu tourner son registre,
Et d'où l'on aperçoit le modelé sinistre
Des mondes ignorés, des vagues univers,
L'un pour l'autre effrayants parce qu'ils sont divers,
Faîte où les visions se confrontent entr'elles,
Où les réalités, pour nous surnaturelles,
Semblent avoir parfois la figure du mal,
Du haut de cette cime appelée Idéal,
Par instants un chercheur fait l'annonce sacrée,
Et dit : — La Vérité, qui guide, échauffe et crée,
Haute lueur par qui l'âme s'épanouit,
Vivants, va revenir bientôt dans votre nuit ;
Attendez-la. Soyez prêts à la voir paraître. —
La terre alors se met à rire ; alors le prêtre,
Alors le juge, alors le reître, alors le roi,
Quiconque vit d'erreur, d'imposture et d'effroi,
Dracon au nom des lois, Tibère au nom des hommes,
Caïphe au nom du ciel, tout ce que les Sodomes

Contiennent de plus sage et de plus vertueux,
Tous les cœurs nés, ainsi que l'hydre, tortueux,
Les frivoles, les purs, les doctes, les obscènes,
Tout le bourdonnement de ces mouches malsaines,
S'acharne ; un homme est fou du moment qu'il est seul.
On rit d'abord ; le rire a fait plus d'un linceul ;
Puis on s'indigne : — Il faut qu'un tel forfait s'expie ;
L'homme osant n'être pas aveugle, est un impie !
Quoi ! celui-ci prétend qu'il voit de la clarté !
Il dit qu'il voit de loin venir la vérité !
Il sait l'heure, il connaît l'astre, il a l'insolence
D'être une voix chez nous qui sommes le silence,
D'être un flambeau chez nous qui sommes la noirceur !
Il vit là-haut ! il est ce monstre, le penseur !
Quoi ! sa prunelle est sainte, et serait la première
Qu'éblouirait l'auguste et lointaine lumière !
L'abîme est noir pour nous et pour lui serait bleu !
Si ce n'est pas un fou, ce serait donc un dieu !
A bas ! — Et cris, fureur, sarcasme, affronts, supplices !
Les ignorants naïfs et les savants complices,
Tous, car c'est l'homme auquel on ne pardonne point,
Arrivent, et chacun avec sa pierre au poing.
Ah ! tu viens annoncer la vérité ! prédire
La fin de la bataille et la fin du délire,
La fin des guerres, plus d'échafaud, le grand jour,
Le plein midi, la paix, la liberté, l'amour !
Ah ! tu vois tout cela d'avance ! Plus d'envie,
L'homme buvant la joie aux sources de la vie,

Et la Fraternité, de ses larges rameaux
Laissant tomber les biens en foule et non les maux.
Pour avoir de tels yeux il faut être stupide !
A mort ! Et chacun grince, et trépigne, et lapide ;
Avec tout ce qu'on a sous la main, fouets, bâtons,
On frappe, on raille, on tue au hasard, à tâtons,
Tant les âmes ont peur de manquer de ténèbres,
Et tant les hommes sont facilement funèbres !
L'ennemi public meurt. Bien. Tout s'évanouit.
Nous allons donc avoir tranquillement la nuit !
La sainte cécité publique est rétablie.
On boit, on mange, on rampe, on chuchote, on oublie,
L'ordre n'est plus troublé par un noir songe-creux ;
On est des loups contents et des ânes heureux ;
Le bonze met son masque et le temple son voile ;
Quant au rêveur marchant en avant de l'étoile,
Qui venait déranger Moïse et Mahomet,
On ne sait même plus comment il se nommait.
Et qu'annonçait-il donc ? La vérité ? Quel songe !
Au fond, la vérité, vivants, c'est un mensonge ;
La vérité n'est pas. Fermons les yeux. Dormons.
Tout à coup, au milieu des psaumes, des sermons,
Des hymnes, des chansons, des cris, des ironies,
Quelque chose à travers les brumes infinies
Semble apparaître au seuil du ciel, et l'on croit voir
Un point confus blanchir au fond du gouffre noir,
Comme un aigle arrivant dont grandit l'envergure ;
Et le point lumineux devient une figure,

Et la figure croît de moment en moment,
Et devient, ô terreur, un éblouissement !
C'est elle, c'est l'étoile inouïe et profonde,
La Vérité ! c'est elle, âme errante du monde,
Avec son évidence où nul rayon ne ment,
Et son mystère aussi d'où sort un flamboiement ;
Elle, de tous les yeux le seul que rien n'endorme,
Elle, la regardée et la voyante énorme,
C'est elle ! O Vérité, c'est toi ! Divinement ;
Elle surgit ; ainsi qu'un vaste apaisement
Son radieux lever s'épand dans l'ombre immense ;
Menace pour les uns, pour les autres clémence,
Elle approche ; elle éclaire, à Thèbes, dans Ombos,
Dans Rome, dans Paris, dans Londres, des tombeaux,
Une ciguë en Grèce, une croix en Judée,
Et dit : Terre, c'est moi. Qui donc m'a demandée ?

Tout était vision sous les ténébreux dômes ;
J'aperçus dans l'espace étoilé trois fantômes ;
Les deux premiers très-loin et le dernier plus près.
Le premier spectre dit : — Mané Thécel Pharès.
Son doigt levé montrait l'obscurité maudite ;
Il ressemblait au sphinx monstrueux qui médite
Dans Assur, accroupi parmi les dieux camards.

Le second murmura ce mot : — Ides de Mars.
Et le troisième esprit cria : — Quatrevingt-treize.
Devant mes yeux erraient des lueurs de fournaise ;
Et, par je ne sais quel étrange changement,
Chacun de ces trois mots, au fond du firmament,
Était une des trois syllabes redoutables
D'un autre mot, écrit par Aaron sur les tables,
Et que, longtemps avant que Jésus triomphât,
Les gouffres répétaient aux gouffres : — Josaphat.

JEAN CHOUAN.

Les blancs fuyaient, les bleus mitraillaient la clairière.

Un coteau dominait cette plaine, et derrière
Le monticule nu, sans arbre et sans gazon,
Les farouches forêts emplissaient l'horizon.

En arrière du tertre, abri sûr, rempart sombre,
Les blancs se ralliaient, comptant leur petit nombre,
Et Jean Chouan parut, ses longs cheveux au vent.
— Ah ! personne n'est mort, car le chef est vivant !
Dirent-ils. Jean Chouan écoutait la mitraille.
— Nous manque-t-il quelqu'un ? — Non. — Alors qu'on s'en aill[e]
Fuyez tous ! — Les enfants, les femmes aux abois
L'entouraient, effarés. — Fils, rentrons dans les bois !
Dispersons-nous ! — Et tous, comme des hirondelles
S'évadent dans l'orage immense à tire-d'ailes,
Fuirent vers le hallier noyé dans la vapeur ;
Ils couraient ; les vaillants courent quand ils ont peur ;
C'est un noir désarroi qu'une fuite où se mêle
Au vieillard chancelant l'enfant à la mamelle ;
On craint d'être tué, d'être fait prisonnier !
Et Jean Chouan marchait à pas lents, le dernier,
Se retournant parfois et faisant sa prière.

Tout à coup on entend un cri dans la clairière,
Une femme parmi les balles apparaît.
Toute la bande était déjà dans la forêt,
Jean Chouan seul restait ; il s'arrête, il regarde ;
C'est une femme grosse, elle s'enfuit, hagarde
Et pâle, déchirant ses pieds nus aux buissons ;
Elle est seule ; elle crie : A moi, les bons garçons !

Jean Chouan rêveur dit : C'est Jeanne-Madeleine.
Elle est le point de mire au milieu de la plaine;
La mitraille sur elle avec rage s'abat.
Il eût fallu que Dieu lui-même se courbât
Et la prît par la main et la mît sous son aile,
Tant la mort formidable abondait autour d'elle;
Elle était perdue. — Ah! criait-elle, au secours!
Mais les bois sont tremblants et les fuyards sont sourds.
Et les balles pleuvaient sur la pauvre brigande.

Alors sur le coteau qui dominait la lande
Jean Chouan bondit, fier, tranquille, altier, viril,
Debout : — C'est moi qui suis Jean Chouan! cria-t-il.
Les bleus dirent : — C'est lui, le chef! Et cette tête,
Prenant toute la foudre et toute la tempête,
Fit changer à la mort de cible. — Sauve-toi!
Cria-t-il, sauve-toi, ma sœur! — Folle d'effroi,
Jeanne hâta le pas vers la forêt profonde.
Comme un pin sur la neige où comme un mât sur l'onde,
Jean Chouan, qui semblait par la mort ébloui,
Se dressait, et les bleus ne voyaient plus que lui.
— Je resterai le temps qu'il faudra. Va, ma fille!
Va, tu seras encor joyeuse en ta famille,
Et tu mettras encor des fleurs à ton corset!
Criait-il. — C'était lui maintenant que visait
L'ardente fusillade, et sur sa haute taille
Qui semblait presque prête à gagner la bataille,

Les balles s'acharnaient, et son puissant dédain
Souriait ; il levait son sabre nu... — Soudain
Par une balle, ainsi l'ours est frappé dans l'antre,
Il se sentit trouer de part en part le ventre ;
Il resta droit, et dit : — Soit. *Ave Maria !*
Puis, chancelant, tourné vers le bois, il cria :
— Mes amis ! mes amis ! Jeanne est-elle arrivée ?
Des voix dans la forêt répondirent : — Sauvée !
Jean Chouan murmura : C'est bien ! et tomba mort.

Paysans ! paysans ! hélas ! vous aviez tort,
Mais votre souvenir n'amoindrit pas la France ;
Vous fûtes grands dans l'âpre et sinistre ignorance ;
Vous que vos rois, vos loups, vos prêtres, vos halliers
Faisaient bandits, souvent vous fûtes chevaliers ;
A travers l'affreux joug et sous l'erreur infâme
Vous avez eu l'éclair mystérieux de l'âme ;
Des rayons jaillissaient de votre aveuglement ;
Salut ! Moi le banni, je suis pour vous clément ;
L'exil n'est pas sévère aux pauvres toits de chaumes ;
Nous sommes des proscrits, vous êtes des fantômes ;
Frères, nous avons tous combattu ; nous voulions
L'avenir ; vous vouliez le passé, noirs lions ;
L'effort que nous faisions pour gravir sur la cime,
Hélas, vous l'avez fait pour rentrer dans l'abîme ;
Nous avons tous lutté, diversement martyrs,
Tous sans ambitions et tous sans repentirs,

Nous pour fermer l'enfer, vous pour rouvrir la tombe;
Mais sur vos tristes fronts la blancheur d'en haut tombe,
La pitié fraternelle et sublime conduit
Les fils de la clarté vers les fils de la nuit,
Et je pleure en chantant cet hymne tendre et sombre,
Moi, soldat de l'aurore, à toi, héros de l'ombre.

LE CIMETIÈRE D'EYLAU

———

A mes frères aînés, écoliers éblouis,
Ce qui suit fut conté par mon oncle Louis,
Qui me disait à moi, de sa voix la plus tendre :
— Joue, enfant ! — me jugeant trop petit pour comprendre.
J'écoutais cependant, et mon oncle disait :

— Une bataille, bah ! savez-vous ce que c'est ?

De la fumée. A l'aube on se lève, à la brune
On se couche; et je vais vous en raconter une.
Cette bataille-là se nomme Eylau; je crois
Que j'étais capitaine et que j'avais la croix;
Oui, j'étais capitaine. Après tout, à la guerre,
Un homme, c'est de l'ombre, et ça ne compte guère,
Et ce n'est pas de moi qu'il s'agit. Donc, Eylau
C'est un pays en Prusse; un bois, des champs, de l'eau,
De la glace, et partout l'hiver et la bruine.

Le régiment campa près d'un mur en ruine;
On voyait des tombeaux autour d'un vieux clocher.
Bénigssen ne savait qu'une chose, approcher
Et fuir; mais l'empereur dédaignait ce manége.
Et les plaines étaient toutes blanches de neige.
Napoléon passa, sa lorgnette à la main.
Les grenadiers disaient : Ce sera pour demain.
Des vieillards, des enfants pieds nus, des femmes grosses
Se sauvaient; je songeais; je regardais les fosses.
Le soir on fit les feux, et le colonel vint,
Il dit : — Hugo? — Présent. — Combien d'hommes? — Cent-vingt.
— Bien. Prenez avec vous la compagnie entière,
Et faites-vous tuer. — Où? — Dans le cimetière.
Et je lui répondis : — C'est en effet l'endroit.
J'avais ma gourde, il but et je bus; un vent froid
Soufflait. Il dit : — La mort n'est pas loin. Capitaine,
J'aime la vie, et vivre est la chose certaine,

LE CIMETIÈRE D'EYLAU.

Mais rien ne sait mourir comme les bons vivants.
Moi, je donne mon cœur, mais ma peau, je la vends.
Gloire aux belles ! Trinquons. Votre poste est le pire. —
Car notre colonel avait le mot pour rire.
Il reprit : — Enjambez le mur et le fossé,
Et restez là ; ce point est un peu menacé,
Ce cimetière étant la clef de la bataille.
Gardez-le. — Bien. — Ayez quelques bottes de paille.
— On n'en a point. — Dormez par terre. — On dormira.
— Votre tambour est-il brave ? — Comme Barra.
— Bien. Qu'il batte la charge au hasard et dans l'ombre,
Il faut avoir le bruit quand on n'a pas le nombre.
Et je dis au gamin : — Entends-tu, gamin ? — Oui,
Mon capitaine, dit l'enfant, presque enfoui
Sous le givre et la neige, et riant. — La bataille,
Reprit le colonel, sera toute à mitraille ;
Moi, j'aime l'arme blanche, et je blâme l'abus
Qu'on fait des lâchetés féroces de l'obus ;
Le sabre est un vaillant, la bombe une traîtresse ;
Mais laissons l'empereur faire. Adieu, le temps presse.
Restez ici demain sans broncher. Au revoir.
Vous ne vous en irez qu'à six heures du soir. —
Le colonel partit. Je dis : — Par file à droite !
Et nous entrâmes tous dans une enceinte étroite ;
De l'herbe, un mur autour, une église au milieu,
Et dans l'ombre, au-dessus des tombes, un bon Dieu.

Un cimetière sombre, avec de blanches lames,
Cela rappelle un peu la mer. Nous crénelâmes
Le mur, et je donnai le mot d'ordre, et je fis
Installer l'ambulance au pied du crucifix.
—Soupons, dis-je, et dormons. La neige cachait l'herbe ;
Nos capotes étaient en loques ; c'est superbe,
Si l'on veut, mais c'est dur quand le temps est mauvais.
Je pris pour oreiller une fosse ; j'avais
Les pieds transis, ayant des bottes sans semelle ;
Et bientôt, capitaine et soldats pêle-mêle,
Nous ne bougeâmes plus, endormis sur les morts.
Cela dort, les soldats ; cela n'a ni remords,
Ni crainte, ni pitié, n'étant pas responsable ;
Et, glacé par la neige ou brûlé par le sable,
Cela dort ; et d'ailleurs, se battre rend joyeux.
Je leur criai : Bonsoir ! et je fermai les yeux ;
A la guerre on n'a pas le temps des pantomimes.
Le ciel était maussade, il neigeait, nous dormîmes.
Nous avions ramassé des outils de labour,
Et nous en avions fait un grand feu. Mon tambour
L'attisa, puis s'en vint près de moi faire un somme.
C'était un grand soldat, fils, que ce petit homme.
Le crucifix resta debout, comme un gibet.
Bref, le feu s'éteignit ; et la neige tombait.
Combien fut-on de temps à dormir de la sorte ?
Je veux, si je le sais, que le diable m'emporte !
Nous dormions bien. Dormir, c'est essayer la mort.
A la guerre c'est bon. J'eus froid, très-froid d'abord ;

LE CIMETIÈRE D'EYLAU.

Puis je rêvai ; je vis en rêve des squelettes
Et des spectres, avec de grosses épaulettes ;
Par degrés, lentement, sans quitter mon chevet,
J'eus la sensation que le jour se levait,
Mes paupières sentaient de la clarté dans l'ombre ;
Tout à coup, à travers mon sommeil, un bruit sombre
Me secoua, c'était au canon ressemblant ;
Je m'éveillai ; j'avais quelque chose de blanc
Sur les yeux ; doucement, sans choc, sans violence,
La neige nous avait tous couverts en silence
D'un suaire, et j'y fis en me dressant un trou ;
Un boulet, qui nous vint je ne sais trop par où,
M'éveilla tout à fait ; je lui dis : Passe au large !
Et je criai : — Tambour, debout ! et bats la charge !

Cent-vingt têtes alors, ainsi qu'un archipel,
Sortirent de la neige ; un sergent fit l'appel,
Et l'aube se montra, rouge, joyeuse et lente ;
On eût cru voir sourire une bouche sanglante.
Je me mis à penser à ma mère ; le vent
Semblait me parler bas ; à la guerre souvent
Dans le lever du jour c'est la mort qui se lève.
Je songeais. Tout d'abord nous eûmes une trêve ;
Les deux coups de canon n'étaient rien qu'un signal,
La musique parfois s'envole avant le bal
Et fait danser en l'air une ou deux notes vaines.
La nuit avait figé notre sang dans nos veines,

Mais sentir le combat venir, nous réchauffait.
L'armée allait sur nous s'appuyer en effet ;
Nous étions les gardiens du centre, et la poignée
D'hommes sur qui la bombe, ainsi qu'une cognée,
Va s'acharner ; et j'eusse aimé mieux être ailleurs.
Je mis mes gens le long du mur ; en tirailleurs.
Et chacun se berçait de la chance peu sûre
D'un bon grade à travers une bonne blessure ;
A la guerre on se fait tuer pour réussir.
Mon lieutenant, garçon qui sortait de Saint-Cyr,
Me cria : — Le matin est une aimable chose ;
Quel rayon de soleil charmant ! La neige est rose !
Capitaine, tout brille et rit ! quel frais azur !
Comme ce paysage est blanc, paisible et pur !
— Cela va devenir terrible, répondis-je.
Et je songeais au Rhin, aux Alpes, à l'Adige,
A tous nos fiers combats sinistres d'autrefois.

Brusquement la bataille éclata. Six cents voix
Énormes, se jetant la flamme à pleines bouches,
S'insultèrent du haut des collines farouches,
Toute la plaine fut un abîme fumant,
Et mon tambour battait la charge éperdûment.
Aux canons se mêlait une fanfare altière,
Et les bombes pleuvaient sur notre cimetière,
Comme si l'on cherchait à tuer les tombeaux ;
On voyait du clocher s'envoler les corbeaux ;
Je me souviens qu'un coup d'obus troua la terre,

Et le mort apparut stupéfait dans sa bière,
Comme si le tapage humain le réveillait.
Puis un brouillard cacha le soleil. Le boulet
Et la bombe faisaient un bruit épouvantable.
Berthier, prince d'empire et vice-connétable,
Chargea sur notre droite un corps hanovrien
Avec trente escadrons, et l'on ne vit plus rien
Qu'une brume sans fond, de bombes étoilée ;
Tant toute la bataille et toute la mêlée
Avaient dans le brouillard tragique disparu.
Un nuage tombé par terre, horrible, accru
Par des vomissements immenses de fumées,
Enfants, c'est là-dessous qu'étaient les deux armées ;
La neige en cette nuit flottait comme un duvet,
Et l'on s'exterminait, ma foi, comme on pouvait.
On faisait de son mieux. Pensif, dans les décombres,
Je voyais mes soldats rôder comme des ombres ;
Spectres le long du mur rangés en espalier ;
Et ce champ me faisait un effet singulier,
Des cadavres dessous et dessus des fantômes.
Quelques hameaux flambaient ; au loin brûlaient des chaumes.
Puis la brume où du Harz on entendait le cor
Trouva moyen de croître et d'épaissir encor,
Et nous ne vîmes plus que notre cimetière ;
A midi nous avions notre mur pour frontière,
Comme par une main noire, dans de la nuit,
Nous nous sentîmes prendre, et tout s'évanouit.
Notre église semblait un rocher dans l'écume.

La mitraille voyait fort clair dans cette brume,
Nous tenait compagnie, écrasait le chevet
De l'église, et la croix de pierre, et nous prouvait
Que nous n'étions pas seuls dans cette plaine obscure.
Nous avions faim, mais pas de soupe; on se procure
Avec peine à manger dans un tel lieu. Voilà
Que la grêle de feu tout à coup redoubla.
La mitraille, c'est fort gênant; c'est de la pluie;
Seulement ce qui tombe et ce qui vous ennuie,
Ce sont des grains de flamme et non des gouttes d'eau.
Des gens à qui l'on met sur les yeux un bandeau,
C'était nous. Tout croulait sous les obus, le cloître,
L'église et le clocher, et je voyais décroître
Les ombres que j'avais autour de moi debout;
Une de temps en temps tombait. — On meurt beaucoup,
Dit un sergent pensif comme un loup dans un piége;
Puis il reprit, montrant les fosses sous la neige :
— Pourquoi nous donne-t-on ce champ déjà meublé? —
Nous luttions. C'est le sort des hommes et du blé
D'être fauchés sans voir la faulx. Un petit nombre
De fantômes rôdait encor dans la pénombre;
Mon gamin de tambour continuait son bruit;
Nous tirions par-dessus le mur presque détruit.
Mes enfants, vous avez un jardin; la mitraille
Était sur nous, gardiens de cette âpre muraille,
Comme vous sur les fleurs avec votre arrosoir.
— Vous ne vous en irez qu'à six heures du soir.
Je songeais, méditant tout bas cette consigne.

Des jets d'éclair mêlés à des plumes de cygne,
Des flammèches rayant dans l'ombre les flocons,
C'est tout ce que nos yeux pouvaient voir. — Attaquons !
Me dit le sergent. — Qui ? dis-je, on ne voit personne.
— Mais on entend. Les voix parlent ; le clairon sonne.
Partons, sortons ; la mort crache sur nous ici ;
Nous sommes sous la bombe et l'obus. — Restons-y.
J'ajoutai : — C'est sur nous que tombe la bataille.
Nous sommes le pivot de l'action. — Je bâille,
Dit le sergent. — Le ciel, les champs, tout était noir ;
Mais quoiqu'en pleine nuit, nous étions loin du soir,
Et je me répétais tout bas : Jusqu'à six heures.
— Morbleu ! nous aurons peu d'occasions meilleures
Pour avancer ! me dit mon lieutenant. Sur quoi,
Un boulet l'emporta. Je n'avais guère foi
Au succès ; la victoire au fond n'est qu'une garce.
Une blême lueur, dans le brouillard éparse,
Éclairait vaguement le cimetière. Au loin
Rien de distinct, sinon que l'on avait besoin
De nous pour recevoir sur nos têtes les bombes.
L'empereur nous avait mis là, parmi ces tombes ;
Mais, seuls, criblés d'obus et rendant coups pour coups,
Nous ne devinions pas ce qu'il faisait de nous.
Nous étions, au milieu de ce combat, la cible.
Tenir bon, et durer le plus longtemps possible,
Tâcher de n'être morts qu'à six heures du soir,
En attendant, tuer, c'était notre devoir.
Nous tirions au hasard, noirs de poudre, farouches ;

Ne prenant que le temps de mordre les cartouches,
Nos soldats combattaient et tombaient sans parler.
— Sergent, dis-je, voit-on l'ennemi reculer?
— Non. — Que voyez-vous? — Rien. — Ni moi. — C'est le déluge,
Mais en feu. — Voyez-vous nos gens? — Non. Si j'en juge
Par le nombre de coups qu'à présent nous tirons,
Nous sommes bien quarante. — Un grognard à chevrons
Qui tiraillait pas loin de moi dit : — On est trente.
Tout était neige et nuit; la bise pénétrante
Soufflait, et, grelottants, nous regardions pleuvoir
Un gouffre de points blancs dans un abîme noir.
La bataille pourtant semblait devenir pire.
C'est qu'un royaume était mangé par un empire!
On devinait derrière un voile un choc affreux;
On eût dit des lions se dévorant entr'eux;
C'était comme un combat des géants de la fable;
On entendait le bruit des décharges, semblable
A des écroulements énormes; les faubourgs
De la ville d'Eylau prenaient feu; les tambours
Redoublaient leur musique horrible, et sous la nue
Six cents canons faisaient la basse continue;
On se massacrait; rien ne semblait décidé;
La France jouait là son plus grand coup de dé;
Le bon Dieu de là-haut était-il pour ou contre?
Quelle ombre! et je tirais de temps en temps ma montre.
Par intervalle un cri troublait ce champ muet,
Et l'on voyait un corps gisant qui remuait.
Nous étions fusillés l'un après l'autre, un râle

Immense remplissait cette ombre sépulcrale.
Les rois ont les soldats comme vous vos jouets.
Je levais mon épée, et je la secouais
Au-dessus de ma tête, et je criais : Courage !
J'étais sourd et j'étais ivre, tant avec rage
Les coups de foudre étaient par d'autres coups suivis ;
Soudain mon bras pendit, mon bras droit, et je vis
Mon épée à mes pieds, qui m'était échappée ;
J'avais un bras cassé ; je ramassai l'épée
Avec l'autre, et la pris dans ma main gauche : — Amis !
Se faire aussi casser le bras gauche est permis !
Criai-je, et je me mis à rire, chose utile,
Car le soldat n'est point content qu'on le mutile,
Et voir le chef un peu blessé ne déplaît point.
Mais quelle heure était-il ? Je n'avais plus qu'un poing,
Et j'en avais besoin pour lever mon épée ;
Mon autre main battait mon flanc, de sang trempée,
Et je ne pouvais plus tirer ma montre. Enfin
Mon tambour s'arrêta : — Drôle, as-tu peur ?—J'ai faim,
Me répondit l'enfant. En ce moment la plaine
Eut comme une secousse, et fut brusquement pleine
D'un cri qui jusqu'au ciel sinistre s'éleva.
Je me sentais faiblir ; tout un homme s'en va
Par une plaie ; un bras cassé, cela ruisselle ;
Causer avec quelqu'un soutient quand on chancelle ;
Mon sergent me parla ; je dis au hasard : Oui,
Car je ne voulais pas tomber évanoui.
Soudain le feu cessa, la nuit sembla moins noire.

Et l'on criait : Victoire! et je criai : Victoire!
J'aperçus des clartés qui s'approchaient de nous.
Sanglant, sur une main et sur les deux genoux
Je me traînai; je dis : —Voyons où nous en sommes.
J'ajoutai : — Debout, tous! Et je comptai mes hommes.
— Présent! dit le sergent. — Présent! dit le gamin.
Je vis mon colonel venir, l'épée en main.
— Par qui donc la bataille a-t-elle été gagnée?
— Par vous, dit-il. — La neige était de sang baignée.
Il reprit : — C'est bien vous, Hugo? c'est votre voix?
— Oui.— Combien de vivants êtes-vous ici? — Trois.

1851

CHOIX ENTRE DEUX PASSANTS

―――

Je vis la Mort, je vis la Honte; toutes deux
Marchaient au crépuscule au fond du bois hideux.

L'herbe informe était brune et d'un souffle agitée.

Et sur un cheval mort la Mort était montée;

La Honte cheminait sur un cheval pourri.

Des vagues oiseaux noirs on entendait le cri.

Et la Honte me dit : — Je m'appelle la Joie.
Je vais au bonheur. Viens. L'or, la pourpre, la soie,
Les festins, les palais, les prêtres, les bouffons,
Le rire triomphal sous les vastes plafonds,
Les richesses en hâte ouvrant leurs sacs de piastres,
Les parcs, éden nocturne aux grands arbres pleins d'astres,
Les femmes accourant avec une aube aux fronts,
La fanfare, à sa bouche appuyant les clairons,
Fière, et faisant sonner la gloire dans le cuivre,
Tout cela t'appartient; viens, tu n'as qu'à me suivre.

Et je lui répondis : Ton cheval sent mauvais.

La Mort me dit : — Mon nom est Devoir; et je vais
Au sépulcre, à travers l'angoisse et le prodige.

— As-tu derrière toi de la place? lui dis-je.

Et depuis lors, tournés vers l'ombre où Dieu paraît,
Nous faisons route ensemble au fond de la forêt.

ÉCRIT EN EXIL

———

L'heureux n'est pas le vrai, le droit n'est pas le nombre ;
Un vaincu toujours triste, un vainqueur toujours sombre,
Le sort n'a-t-il donc pas d'autre oscillation ?
Toujours la même roue et le même Ixion !
Qui que vous soyez, Dieu vers qui tout me ramène,
Si le faible souffrait en vain, si l'âme humaine

N'était qu'un grain de cendre aux ouragans jeté,
Je serais mécontent de votre immensité ;
Il faut, dans l'univers, fatal et pourtant libre,
Aux âmes l'équité comme aux cieux l'équilibre ;
J'ai besoin de sentir de la justice au fond
Du gouffre où l'ombre avec la clarté se confond ;
J'ai besoin du méchant mal à l'aise, et du crime
Retombant sur le monstre et non sur la victime ;
Un Caïn triomphant importune mes yeux ;
J'ai besoin, quand le mal est puissant et joyeux,
D'un certain grondement là-haut, et de l'entrée
Du tonnerre au-dessus de la tête d'Atrée.

LA COLÈRE DU BRONZE

*

Et voilà donc l'emploi que vous faites, vivants,
De moi l'airain, vous cendre éparse aux quatre vents !

Ainsi la certitude est morte ! Ainsi la rue
Offre en exemple un fourbe à la foule accourue,

Et les passants diront du plus vil des bourreaux,
D'un voleur, d'un goujat : Ce doit être un héros !
La statue est un lâche abus de confiance !
Et l'on verra le peuple, ému, plein de croyance,
Ayant foi dans le bronze infaillible et serein,
Découvrir son grand front pour un faquin d'airain !

Vous allumez la braise et vous creusez le moule ;
Mon bloc fumant se gonfle et tombe, s'enfle et croule ;
Vous fouillez mon flot rouge avec des crocs de fer
Comme font des satans remuant un enfer ;
Vous attisez avec le zinc incendiaire
Mon cratère où bascule et s'épand la chaudière,
Et tout mon dur métal devient une eau de feu,
Et j'écume, et je dis : Hommes, faites-moi dieu !
J'y consens. Et je brûle avec furie et joie.
Faites. Dans mon tourment mon triomphe flamboie.
Quiconque voit ma pourpre auguste est ébloui.
Le noir moule béant, sous la terre enfoui,
S'ouvre à moi comme un gouffre obscur au fond d'un antre,
Et ma voix sombre gronde et crie : Oui, c'est bien, j'entre,
Je serai Washington !.. — Je sors, je suis Morny !

Ah ! sous le ciel sacré, sous l'azur infini,
Soyez maudits ! Rugir dans la fournaise ardente,
Moi le bronze ! pour qui ? Pour Gutenberg ? Pour Dante ?

Pour Thrasybule? Non. Pour Billault, pour Dupin !
J'attends Léonidas, on me jette Scapin.
Mais de quoi donc sont faits les hommes? C'est à croire
Que l'ordure est pour vous ressemblante à la gloire ;
Que votre âme est troublée au point de ne plus voir ;
Et que le bien, le mal, le crime, le devoir,
Bayard, Judas, Barbès le preux, Georgey l'impie,
Flottent confusément sous votre myopie !
Vous hissez sur un faîte abject le facies
De Fould, ou le profil abruti de Siéyès,
Et vous avez le goût de regarder sans cesse
En haut, bien au-dessus de vos fronts, la bassesse.

Savez-vous que je suis le métal souverain?
Que j'ai mis sur Corinthe un quadrige d'airain,
Et que mes dieux, mes rois, mes victoires ailées,
Font de l'ombre sur vous du haut des Propylées?
Savez-vous qu'autrefois j'étais sacré ? J'avais
L'impossibilité d'être vil et mauvais ;

Et c'est pourquoi, vivants, je valais mieux que l'homme ;
Je connaissais Athène et j'ignorais Sodome.
Les Grecs disaient de moi : Le bronze est un héros.
J'étais Jupiter, Mars, Pallas, Diane, Éros ;
On me voyait durer autant qu'un vers d'Eschyle ;
Et j'étais pour les Grecs la chair du grand Achille.
Ces populaces, foule aux yeux pleins de clarté,
Honoraient ma noirceur et ma virginité ;
Les portefaix de Sparte et les marchandes d'herbes
Ne me regardaient point sans devenir superbes,
Et j'étais à tel point l'âme de la cité
Que les petits enfants bégayaient : Liberté !

Aujourd'hui, sur un socle, en vos places publiques
Pour qui le ciel n'a plus que des rayons obliques,
Vous mettez la statue énorme d'un pasquin
Qui devient un colosse et reste un mannequin,
D'un chenapan, d'un gueux qui prend un air d'archonte
Et qui se drape avec orgueil dans de la honte.
C'est de l'opprobre altier et qui se tient debout.
On monte au Panthéon par le trou de l'égout.
Les voilà tous, Magnan, puis Delangle, Espinasse,
Puis Troplong, ce qui rampe avec ce qui menace,
Spectres hideux qu'entoure, en plein air, au soleil,
Le brouhaha des voix inutiles, pareil
A l'agitation du vent dans les branchages.

LA COLÈRE DU BRONZE.

Et je suis le complice ! Et les bardes, les sages,
Les vaillants, les martyrs à mourir acharnés,
Les grands hommes que j'ai tant de fois incarnés,
Ne m'ont pas défendu de cette ignominie
D'être pantin après avoir été génie !

Vous condamnez l'airain aux avilissements.
Comme vous, je trahis et, comme vous, je mens.
Je trahis la vertu, je trahis la durée ;
Je trahis la colère, âpre muse azurée,
Qui rend et fait justice, et n'a pas d'autre soin ;
Et devant Juvénal je suis un faux témoin.
Chute et deuil ! Je trahis le lever de l'étoile,
Qui dans l'ombre, à travers la nuit, son chaste voile,
Cherchant à l'horizon des bronzes radieux,
Aperçoit des bandits au lieu de voir des dieux !

Ma fournaise m'indigne, à mal faire occupée.
Ceux qui vendent la loi, ceux qui vendent l'épée,
Brumaire avec Leclerc, Décembre avec Morny,
Un tas d'ingrédients, faux droits, sceptre impuni,
Le vieil autel, le vieux billot, la vieille chaîne,
Auxquels on a mêlé la conscience humaine,
Tout cela dans la cuve obscure flotte et fond.

Et la statue en sort, vile.

Le Dieu profond
Vous donne les héros, les penseurs, les prophètes,
Et le bronze, et voilà, vous, ce que vous en faites.
Vous donnez le cachot à Christophe Colomb,
A Dante l'exil triste et sa chape de plomb,
A Jésus le calvaire et sa risée ingrate,
A Morus l'échafaud, la ciguë à Socrate,
Le bûcher à Jean Huss, et le bronze aux valets.

*

Je sais bien qu'on dira : Passez, méprisez-les.
Ce sont des gredins.

Soit. Mais ce sont des statues.
Mais ces indignités sont de splendeur vêtues.
Mais on croit tellement le bronze honnête, et sûr
Du bon choix des héros qu'il dresse dans l'azur,

On est si convaincu que lorsque, sous les arbres,
Au milieu des enfants rieurs, parmi les marbres,
Sur les degrés d'un temple ou sur l'arche d'un pont,
Le bronze montre au peuple un homme, il en répond ;
Mais tous ces malfaiteurs, mais tous ces misérables,
Devenus au passant stupide vénérables,
Ont si profondément, de leurs pieds de métal,
Pris racine au granit puissant du piédestal ;
J'ai mis sur leur bassesse une si grande armure,
Qu'en vain l'âpre aquilon sur leurs têtes murmure !
Ils sont là, fermes, froids, rayonnants, ténébreux,
L'heure, goutte du siècle, en vain tombe sur eux ;
Et vienne la tempête et vienne la nuée,
La foudre et son éclair, la trombe et sa huée,
Qu'importe ! ils sont d'airain ; et l'airain jamais vieux
Rit des coups d'ongles noirs de l'hiver pluvieux.
Novembre a beau venir après juillet ; l'année,
Cette dent qui mord tout, les respecte, indignée !
L'ondée, en les rouillant, les conserve ; leurs fronts
Se dressent immortels, plus fiers sous plus d'affronts ;
Sur eux s'abattent neige, averse, givre, orage,
Et tout le tourbillon des bises, folle rage,
Et la grêle insultante et le soleil rongeur,
Et, sans qu'il leur en reste une ombre, une rougeur,
Tous les soufflets du temps, ils les ont sur la joue ;
De sorte que le bronze éternise la boue.

Tel homme, à quelque crime effroyable rêvant,
Et qu'on flétrira mort, vous l'adorez vivant;
Vous le faites statue avant qu'il soit fantôme;
Vous ne distinguez pas le géant de l'atome,
Vous ne distinguez pas le faux vainqueur du vrai;
Un jour Tacite, un jour Salluste et Mézeray
Diront : Ce scélérat a trahi la patrie,
Et traîneront sa gloire abjecte à la voirie;
Vous l'avez déclaré sublime en attendant.
Moi sur qui vous mettez plus d'un masque impudent,
J'ai l'instinct qui vous manque, hélas! et dans le reître
Qui vous semble un héros, souvent je sens un traître.

Ah! fourmilière humaine! il vous importe peu
Qu'un immonde stylite offense le ciel bleu.
Faire de la statue une prostituée!
Votre prunelle, au jour de cave habituée,
N'a plus d'éclairs, sourit au mal, se plaît à voir
L'ombre que du plateau d'un socle blanc ou noir
Jette le courtisan, le fripon, le transfuge,
Et l'aboiement du chien semble la voix d'un juge.
Les seuls dogues grondants protestent vaguement.

L'histoire ne peut plus me croire. Un monument
La déconcerte, ayant pour auréole un crime.
Pourtant j'étais jadis l'avertisseur sublime;

LA COLÈRE DU BRONZE.

Je suis l'apothéose ou bien le châtiment.
Mon immobilité vaut mon bouillonnement.
Ardent, je suis la lave, et froid, je suis le bronze.

*

Quoi! pas même un Néron! pas même un Louis onze!
J'eusse rougi du maître, on me livre au laquais!
Dans les noirs carrefours, dans les parcs, sur les quais,
Je suis Dave ou Frontin, et j'indigne Pétrone!
Quoi! pas même un opprobre avec une couronne!
Pas même une infamie ayant droit au laurier!
Oui, c'est Dupin, Dupin qu'on prend dans son terrier,
Et qu'on fait bronze! Il a son temple, il est au centre.
Mort, il se tient droit, lui qui vécut à plat ventre!
Et lui, c'est moi! L'airain moule, incarne et subit
Quiconque a retourné lestement son habit.
Oui, voyez, c'est bien lui, lourd fuyard, faux augure;
La honte le déforme, et je le transfigure!
Plus souillé qu'un haillon qu'on brocante au bazar,
J'en suis à regretter la face de César.

C'était du moins le monstre, à présent c'est le drôle.
Je ressuscite, ô lâche et misérable rôle,
Tel affreux gueux, qui n'est pas même un empereur !
Je me dresse, assombri, sous ce masque d'horreur,
Dans le forum, où nul, hélas! ne délibère.
Honteux d'être Séjan, je me voudrais Tibère.

Il fut du moins auguste en même temps que vil.
Si de face il fut singe, il fut dieu de profil.
L'histoire le revêt d'une honte immortelle;
Et son abjection sans bornes n'est pas telle
Qu'on ne sente Troplong et Baroche au-dessous.

Oh! vous me sauverez de ce bagne, gros sous !
Vous me délivrerez. Le peuple sur la claie
Traînera la statue émiettée en monnaie,
Et je serai joyeux que Chodruc et Vadé
Me jettent aux ruisseaux, moi le bronze évadé.
O penseur, deviens peuple! O bronze, deviens cuivre !
Car c'est une façon superbe de revivre,
Et rien n'est plus sublime, et rien n'est plus charmant
Que de se disperser sur tous, à tout moment,
Que d'être l'obole humble et de bienfaits remplie,
Le denier qui va, vient, court et se multiplie,
Et qui, chétif, obscur, trivial, triomphant,
Donne au vieillard la vie et la joie à l'enfant.

On méprisait ce bronze, et ce cuivre on l'estime.
Plutôt qu'être Troplong mieux vaut être un centime,
Et lorsqu'il fut Dupin aux yeux de tout Paris,
L'airain s'en débarbouille avec du vert-de-gris.

Donc, j'attends. Quelque jour j'aurai cette revanche.
Déjà le pavé tremble et le piédestal penche,
Car tout a ses retours. Le reflux est de droit.
Jamais le genre humain ne reste au même endroit.
De la main du hasard l'homme parfois accepte
On ne sait quels élus de la fortune inepte;
Il en fait des dieux; quitte, et je l'aime ainsi mieux,
A faire des liards ensuite avec ces dieux!

FRANCE ET AME

Je m'étais figuré que lorsque cet Etna,
La Révolution, prit feu, s'ouvrit, tonna,
Rugit, fendit la terre, et cracha sur le monde
Sa lave alors terrible et maintenant féconde,
Que, lorsque, vierge altière et proclamant nos droits,
L'Idée offrit la guerre au groupe affreux des rois,
Lorsqu'apparut, hautaine, à travers les fumées,
Cette Diane, en laisse ayant quatorze armées,
Que lorsque Danton prit l'Europe corps à corps,
Que lorsqu'on entendit les meutes et les cors,

Quand la forêt laissa voir dans sa transparence
L'âpre chasse donnée aux tyrans par la France,
Moi, pensif, regardant Kléber et Mirabeau,
Jean-Jacques, ce tison, Voltaire, ce flambeau,
Je m'étais, je l'avoue, imaginé qu'en somme
L'écroulement des rois c'est le sacre de l'homme,
Que nous avions vaincu la matière et la mort,
Et que le résultat de cet illustre effort,
Le triomphe, l'orgueil, l'honneur, le phénomène,
C'était d'avoir grandi jusqu'aux cieux l'âme humaine ;
C'était d'avoir montré dans l'aube qui sourit
L'homme beau par le glaive et plus beau par l'esprit ;
C'était d'avoir prouvé que cet être qui change,
Sur son épaule d'homme a des ailes d'archange,
Qu'il peut s'épanouir demi-dieu tout à coup,
Et que, lorsqu'il lui plaît de se dresser debout,
Son immense rayon mystérieux éclaire
Toutes les profondeurs de haine et de colère
Et leur verse l'aurore et les emplit d'amour ;
J'avais pensé que c'est pour accroître le jour,
Pour embraser le cœur, pour incendier l'âme,
Pour tirer de l'esprit humain toute sa flamme,
Que nos pères, Français plus grands que les Romains,
Avaient pris et tordu le passé dans leurs mains,
Et jeté dans le feu de la forge profonde
Ce combustible utile et hideux, le vieux monde ;
Je m'étais dit que l'homme avait soif, avait faim
D'être une âme immortelle, et qu'il avait enfin

Su montrer et prouver sa divinité fière
Par l'agrandissement subit de la lumière
Et par la délivrance auguste des vivants;
J'ai dit que ni les rois, ni les flots, ni les vents,
Ne pouvaient désormais rien contre un tel prodige;
Qu'on avait pour cela passé le Rhin, l'Adige,
Le Nil, l'Èbre, et crié sur les monts : Liberté!
Oui, j'avais cru pouvoir dire qu'une clarté
Sortait de ce grand siècle, et que cette étincelle
Rattachait l'âme humaine à l'âme universelle,
Qu'ici-bas, où le sceptre est un triste hochet,
La solidarité des hommes ébauchait
La solidarité des mondes, composée
De toute la bonté, de toute la pensée,
Et de toute la vie éparse dans les cieux;
Oui, je croyais, les yeux fixés sur nos aïeux,
Que l'homme avait prouvé superbement son âme.
Aussi, lorsqu'à cette heure un Allemand proclame
Zéro, pour but final, et me dit : — O néant,
Salut! — j'en fais ici l'aveu, je suis béant;
Et quand un grave Anglais, correct, bien mis, beau linge,
Me dit : — Dieu t'a fait homme et moi je te fais singe;
Rends-toi digne à présent d'une telle faveur! —
Cette promotion me laisse un peu rêveur.

DÉNONCÉ A CELUI QUI CHASSA

LES VENDEURS DU TEMPLE.

La vieille en pleurs disait : — La misère en est cause,
Pour mon bon vieux défunt je n'aurai pas grand'chose,
Un seul cierge, un seul prêtre, et deux mots d'oraison
A la porte. On peut bien entrer dans la maison,
Avoir l'autel, avoir les saints, avoir les châsses,
Tout le clergé chantant des actions de grâces,
Des psaumes, des bedeaux, tout ; mais il faut payer,
Hélas ! et moi qui dois trois termes de loyer,

Je n'ai pas de quoi faire enterrer mon pauvre homme. —

Ainsi parlait la veuve, et je songeais à Rome.
Quoi! le riche et le pauvre ont des enterrements
Différents; l'un a droit aux embellissements,
L'autre pas; l'un descend chez les morts, l'autre y tombe,
Et l'un n'est pas l'égal de l'autre dans la tombe!

Quoi! Dieu n'est pas gratis! Quoi! prêtres, le Martyr,
Le Saint, l'Ange, ne veut de sa boîte sortir
Que pour de l'or; sinon vous refermez l'armoire
Sur le ciel, sur la Vierge et sa robe de moire,
Et sur l'enfant Jésus rose et couleur de chair!
Quoi! votre crucifix coûte plus ou moins cher,
Selon qu'il va devant ou qu'il marche derrière!
Prêtres, vous mesurez au cercueil la prière;
Longue, si le cadavre est grand; courte, s'il n'est
Qu'un méchant pauvre mort, — le prêtre s'y connaît, —
Cloué dans une bière étroite et misérable!
Prêtres, le hêtre aux champs, l'aulne, l'ormeau, l'érable,
Versent l'ombre pour rien; Mai ne dit pas aux prés:
Les fleurs, c'est tant. Voyez mon tarif. Vous paierez
Tant pour la violette et tant pour la lavande!
Ah! Dieu veut qu'on le donne et non pas qu'on le vende!
La mort fut toujours juste et toujours nivela;
Reconnaissez au moins cette égalité-là;

Respectez le cercueil sans mépriser la bière ;
Faites le même accueil à la même poussière,
Sur le même silence ayez le même chant.
Quoi ! je cherche un apôtre et je trouve un marchand !
C'est d'un comptoir que part l'escalier de la chaire.
Que diraient-ils de voir leurs psaumes à l'enchère,
Ces hommes qui songeaient, pâles, dans le désert ?
Ah ! ce *De Profundis* superfin qui ne sert
Qu'aux riches, et qu'on met en musique, et qu'on brode,
Que Jésus n'aurait pas et qu'obtiendrait Hérode,
O terreur ! il n'en faut pas tant pour faire Dieu
Farouche, et pour changer en ciel noir le ciel bleu !
La prière vendue a l'accent du blasphème.
Hélas ! c'est de la nuit que dans les cœurs on sème.
L'ombre, au-dessus de vous, mages qui brocantez,
Efface brusquement toutes les vérités.
Quoi ! vous ne voyez pas l'éclipse formidable !
Vous qui savez combien l'abîme est insondable,
Vous vous faites vendeurs !

      Prêtres, l'adossement
De l'échoppe suffit pour que le firmament
Épaississe au-dessus de l'église ses voiles ;
La boutique retire au temple les étoiles.

LES ENTERREMENTS CIVILS

Oh! certes, je sais bien , moi souffrant et rêvant,
Que tout cet inconnu qui m'entoure est vivant,
Que le néant n'est pas, et que l'Ombre est une Ame
La cendre ne parvient qu'à me prouver la flamme
Faire voir clairement le ciel, l'éternel port,
La vie enfin, c'est là le succès de la mort;

Oh! certes, je voudrais qu'au ténébreux passage
Mon cercueil, esquif sombre, eût pour pilote un sage,
Un pontife, un apôtre, un auguste songeur,
Un mage, ayant au front l'attente, la rougeur
Et l'éblouissement de la profonde aurore ;
Je voudrais qu'à la fosse où meurt le rien sonore,
Un sénateur du vrai, du réel, un magnat
Du sépulcre, un docteur du ciel, m'accompagnât ;
Oui, je réclamerais cette sainte prière !
Devant la formidable et noire fondrière,
Oui, je trouverais bon que pour moi, loin du bruit,
Une voix s'élevât et parlât à la nuit !
Car c'est l'heure où se fend du haut en bas le voile ;
C'est dans cette nuit-là que se lève l'étoile !
Je le voudrais ! et rien ne me serait meilleur
Qu'une telle prière après un tel malheur,
Ma vie ayant été dure et funèbre, en somme.
Mais, ô Toi ! dis, réponds, parle. Est-ce que cet homme
Qui sait mal, et qui fait exprès de mal savoir,
Qui pour un dogme obscur déserte un clair devoir,
Qui prêche le miracle et rit du phénomène,
Mal penché sur l'angoisse et sur l'énigme humaine,
Qui, d'un côté bassesse et de l'autre fureur,
Flétrit l'escroc forçat et l'adore empereur,
Qui dit au genre humain : Malheur, si tu raisonnes !
Qui damne et ment, qui met l'abîme en trois personnes,
Qui rêve un univers petit, sinistre et noir,
Fait de notre seul globe, et qui ne veut pas voir

Luire en tous tes soleils toutes tes évidences,
Qui crèverait cet œil, l'astre où tu te condenses,
S'il pouvait, et ferait la nuit sur l'horizon,
Qui tarife l'autel, l'antienne, l'oraison,
Qui, par devant superbe et vendu par derrière,
Offre au riche et refuse au pauvre sa prière,
Si le pauvre ne peut le payer assez cher;
Est-ce que ce vivant à regret, que la chair
Indigne, et qui jadis nia l'âme des femmes,
Qui préfère à l'hymen, aux purs épithalames,
Aux nids, ce suicide affreux, le célibat;
Qui voudrait qu'à son gré le firmament tombât,
Qui devant Josué soufflette Galilée,
Qui dresse un noir bûcher dans ton ombre étoilée,
Et tâche d'éclipser l'aube au sommet du mont,
Torquemada là-bas, chez nous Laubardemont;
Qui, dans l'Inde, en Espagne, au Mexique, aux Cévennes,
Saigna l'humanité gisante aux quatre veines,
Qui voit la guerre, et chante un *Te Deum* dessus,
Qui repaierait Judas et reclouerait Jésus,
Indulgent à qui règne et sévère à qui souffre,
Ayant sous lui l'erreur comme l'onde a le gouffre,
Sorte d'homme terrible où l'on peut naufrager;
Dis, est-ce que moi, pâle et flottant passager
Qui veux la clarté vraie et non la lueur fausse,
Je dois faire appeler cet homme sur ma fosse?
Est-ce que sur la tombe il est le bien venu?
Est-ce qu'il est celui qu'écoute l'Inconnu?

Est-ce que sa voix porte au delà de la terre?
Est-ce qu'il a le droit de parler au mystère?
Est-ce qu'il est ton prêtre? Est-ce qu'il sait ton nom?

Je vois Dieu dans les cieux faire signe que non.

LE PRISONNIER

―――

Cet homme a pour prison l'ignominie immense.

On pouvait le tuer, mais on fut sans clémence,
Il vit.

  Il est dans l'âpre et lugubre prison
Invisible, toujours debout sur l'horizon,
L'opprobre.

Cette tour a la hauteur du songe.
Sa crypte jusqu'aux lieux ignorés se prolonge,
Ses remparts ont de noirs créneaux vertigineux,
Si vains qu'on n'y pourrait pendre une corde à nœuds,
Si terribles que rien jamais ne vous procure
Une échelle appliquée à la muraille obscure.
Aucun trousseau de clefs n'ouvre ce qui n'est plus.
On est captif. Dans quoi? Dans de l'ombre. Et reclus;
Où? Dans son propre gouffre. On a sur soi le voile.
C'est fini. Deuil! Jamais on ne verra l'étoile
Ni l'azur apparaître au plafond sidéral.
Là, rien qui puisse rendre à l'affreux général
Cette virginité, la France point trahie.
Sa mémoire est déjà de lui-même haïe.
Pas d'enceinte à ce bagne épars dans tous les sens,
Qui va plus loin que tous les nuages passants,
Car l'élargissement du déshonneur imite
Un rayonnement d'astre et n'a point de limite.
Pour bâtir la prison qui jamais ne finit
La loi ne se sert pas d'airain ni de granit;
C'est la fange qu'on prend, la fange étant plus dure;
Cette bastille-là toujours vit, toujours dure,
Pleine d'un crépuscule au pâle hiver pareil,
Brume où manque l'honneur comme aux nuits le soleil,
Oubliette où l'aurore est éteinte, où médite
Ce qui reste d'une âme après qu'elle est maudite.

LE PRISONNIER.

Ce misérable est seul dans cette ombre; son front
Est plié, car la honte est basse de plafond,
Tant l'informe cerveau du fourbe est peu lucide,
Tant est lourd à porter le poids du parricide.
Si cet homme eût voulu, la France triomphait.
Il porte au cou ce noir carcan : ce qu'il a fait.
De la déroute affreuse il fut le vil ministre.
Sa conscience nue, indignée et sinistre,
Est près de lui, disant : L'abject sort du félon,
Ganelon de Judas et toi de Ganelon.
Sois le désespéré. Dors si tu peux, je veille. —
Il entend cette voix sans cesse à son oreille.
Morne, il n'a même plus cet espoir, un danger.
Il faut qu'il reste, il faut qu'il vive, pour songer
Aux vieilles légions de France prisonnières,
Pour qu'il soit souffleté par toutes nos bannières
Frémissantes, la nuit, dans ses rêves hideux.
D'ailleurs nos aïeux morts n'auraient au milieu d'eux
Pas voulu de ce spectre, et leur grand souffle sombre
Certe, eût chassé d'abîme en abîme cette ombre,
Et fouetté, ramené, repris, poussé, traîné
Ce fuyard à la fuite à jamais condamné !
Car, grâce à lui, l'on peut cracher sur notre gloire,
Car c'est par toi, maudit, que nos preux, notre histoire,
Nos régiments, de tant de victoire étoilés,

Que Wagram, Austerlitz, Lodi, s'en sont allés
En prison, sous les yeux de l'Anglais et du Russe,
Le dos zébré du plat de sabre de la Prusse!
Inexprimable deuil!

      Donc cet homme est muré
Au fond d'on ne sait quel mépris démesuré;
Le regard effrayant du genre humain l'entoure;
Il est la trahison comme Cid la bravoure.
Sa complice, la Peur, sa sœur, la Lâcheté,
Le gardent. Ce rebut vivant, ce rejeté,
Sous l'exécration de tous, sur lui vomie,
Râle, et ne peut pas plus sortir de l'infamie
Que l'écume ne peut sortir de l'Océan.
L'opprobre, ayant horreur de lui, dirait : Va-t'en,
Les anges justiciers, secouant sur cette âme
Leur glaive où la lumière, hélas, s'achève en flamme,
Crieraient : Sors d'ici! rentre au néant qui t'attend!
Qu'il ne pourrait; aucune ouverture n'étant
Possible, ô cieux profonds, hors d'une telle honte!
Cet homme est le Forçat! Qu'il descende ou qu'il monte,
Que trouve-t-il? En bas l'abjection; en haut
L'abjection. Son cœur est brûlé du fer chaud.
Le criminel, eût-il plus d'or qu'il n'en existe,
Ne corrompra jamais son crime, geôlier triste.

LE PRISONNIER.

Deux verrous ont fermé sa porte pour jamais,
L'un qu'on nomme Strasbourg, l'autre qu'on nomme Metz.
Ah! cet infâme a mis le pied sur la patrie.

Quand une âme ici-bas est à ce point flétrie,
Lorsqu'on l'a vue au fond des forfaits se vautrer,
L'honneur libre et vivant n'y peut pas plus rentrer
Que l'abeille ne vient sur une rose morte.
Ah! le Spielberg est noir, la Bastille était forte,
Le Saint-Michel rempli de cages était haut,
Le vieux château Saint-Ange est un puissant cachot;
Mais aucun mur n'égale en épaisseur la honte.
Dieu tient ce prisonnier et lui demande compte.
Comment a-t-il changé notre armée en troupeau?
Qu'a-t-il fait des canons, des soldats, du drapeau,
Du clairon réveillant les camps, de l'espérance,
De nous tous, et combien a-t-il vendu la France?
Oh! quelle ombre de tels coupables ont sur eux!
Cave et forêt! rameaux croisés! murs douloureux!
Stigmate! abaissement! chute! dédains horribles!
Comment fuir de dessous ces branchages terribles?
O chiens, qu'avez-vous donc dans les dents? C'est son nom
Il habite la faute, éternel cabanon,
Labyrinthe aux replis monstrueux et funèbres

Où les ténèbres sont derrière les ténèbres,
Geôle où l'on est captif tant qu'on est regardé.

Et qui donc maintenant dit qu'il s'est évadé ?

APRÈS LES FOURCHES CAUDINES

Rome avait trop de gloire, ô dieux, vous la punîtes
Par le triomphe énorme et lâche des Samnites;
Et nous vîmes ce deuil, nous qui vivons encor.
Cela n'empêche pas l'aurore aux rayons d'or

D'éclore et d'apparaître au-dessus des collines.
Un champ de course est près des tombes Esquilines,
Et parfois, quand la foule y fourmille en tous sens,
J'y vais, l'œil vaguement fixé sur les passants.
Ce champ mène aux logis de guerre où les cohortes
Vont et viennent ainsi que dans les villes fortes ;
Avril sourit, l'oiseau chante, et, dans le lointain,
Derrière les coteaux où reluit le matin,
Où les roses des bois entr'ouvrent leurs pétales,
On entend murmurer les trompettes fatales ;
Et je médite, ému. J'étais aujourd'hui là.
Je ne sais pas pourquoi le soleil se voila ;
Les nuages parfois dans le ciel se resserrent.
Tout à coup, à cheval et lance au poing, passèrent
Des vétérans aux fronts halés, aux larges mains ;
Ils avaient l'ancien air des grands soldats romains ;
Et les petits enfants accouraient pour les suivre ;
Trois cavaliers, soufflant dans des buccins de cuivre,
Marchaient en tête, et comme, au front de l'escadron,
Chacun d'eux embouchait à son tour le clairon,
Sans couper la fanfare ils reprenaient haleine.
Ces gens de guerre étaient superbes dans la plaine ;
Ils marchaient de leur pas antique et souverain.
Leurs boucliers portaient des méduses d'airain,
Et l'on voyait sur eux Gorgone et tous ses masques ;
Ils défilaient, dressant les cimiers de leurs casques
Dignes d'être éclairés par des soleils levants,
Sous des crins de lion qui se tordaient aux vents.

Que ces hommes sont beaux ! disaient les jeunes filles.
Tout souriait, les fleurs embaumaient les charmilles,
Le peuple était joyeux, le ciel était doré,
Et, songeant que c'étaient des vaincus, j'ai pleuré.

XXII

L'ÉLÉGIE DES FLÉAUX

L'ÉLÉGIE DES FLÉAUX

LE POËTE.

Tu ne l'as pourtant pas mérité, ma patrie!

LE CHOEUR.

Oh! quel acharnement sur la grande meurtrie!
La bataille a passé, chaos sombre et tonnant.
Voici la vision des vagues maintenant.

Une meute de flots terribles, des montagnes
D'eau farouche, l'horreur dans les pâles campagnes,
Et l'apparition des torrents forcenés !
L'auguste France, en proie aux chocs désordonnés
Semble un titan ayant de l'eau jusqu'aux épaules ;
Et l'on voit une fuite immense vers les pôles
De la pluie et de l'ombre et des brouillards mouvants,
Sous la cavalerie effroyable des vents ;
La mort accourt avec la rumeur d'une foule ;
Tout un peuple, sous qui l'effondrement s'écroule,
Crie et se tord les bras, prêt à couler à fond ;
Comme un flocon de neige un toit s'efface et fond ;
Une rivière, hier dans les prés endormie,
Gronde, et subitement devient une ennemie ;
Le fleuve brusque et noir surprend l'homme inquiet,
Et trahit les hameaux auxquels il souriait ;
Tout tombe, égalité des chaumes et des marbres ;
Les mourants sont par l'eau tordus autour des arbres ;
Rien n'échappe, et la nuit monte. Profonds sanglots !

LE POËTE.

Quoi ! deux invasions ! Après les rois, les flots !

LE CHOEUR.

Deux inondations ! L'onde après les vandales !

Ce n'était pas assez d'avoir eu les sandales
D'on ne sait quel césar tudesque sur nos fronts;
Ce n'était pas assez d'avoir, sous les affronts,
Vu nos drapeaux hagards frissonner dans nos villes;
Ce n'était pas assez, lorsque des hordes viles
Marchaient sur nous, souillant ce que nous adorons,
De nous être bouché l'oreille à leurs clairons;
Le deuil succède au deuil, le ravage au ravage;
L'onde fatale arrive après le roi sauvage;
Et voilà de nouveau sous un noir tourbillon
L'écrasement des blés, du verger, du sillon!
O désastres! ô chute! où sera le refuge
Si l'eau fait un tel gouffre et l'homme un tel déluge?
Jadis le sort frappa Rome et s'interrompit,
La laissant respirer; mais pour nous nul répit.

LE POËTE.

Deux supplices. Le Nord, le Sud. L'un après l'autre.

LE CHOEUR.

Hier nous avions sur nous la bête qui se vautre
Cyniquement, au gré des rois épanouis,

La guerre, et des troupeaux de canons inouïs
Nous jetant l'aboiement de l'abîme ; la France
Subissait, sous un ciel d'où fuyait l'espérance,
Le bombardement lâche et tortueux, crachant
L'éclair, et foudroyant le toit, le mur, le champ,
La forêt, la cité, l'homme, l'enfant, la femme ;
L'eau sombre aujourd'hui vient au secours de la flamme ;
Elle vient achever ce fier pays blessé ;
Les fléaux avaient hâte, ils ont recommencé ;
Après l'embrasement, le torrent nous accable ;
A présent ce n'est plus sous l'obus implacable,
C'est dans les flots qu'on voit les villes succomber.
Dures heures de nuit que le temps fait tomber
Goutte à goutte sur nous de sa morne clepsydre !
Hier c'était le dragon, et maintenant c'est l'hydre.

LE POËTE.

Est-ce fini ? Pensif, je dis au gouffre : Après ?

LE CHOEUR.

O France ! mourras-tu ? Non. Car, si tu mourais,
Le mal vivrait, l'effroi vivrait ; cette fenêtre,

L'aube, se fermerait; on verrait la mort naître.
L'immense mort de tout. France, l'extinction
De Ninive, de Tyr, d'Athènes, de Sion,
Rome oubliant son nom, Thèbes perdant sa forme,
Ne seraient rien auprès de ton éclipse énorme.
Le passé monstrueux se dresserait debout.
Ce cadavre crierait : — J'existe. Éteignez tout.
Plus de flambeaux. Vivez, spectres. La France est morte ! —
Alors, ô cieux profonds! l'ombre ouvrirait sa porte;
On verrait revenir toute l'antique horreur,
Les larves, l'ancien pape et l'ancien empereur,
Tous les forfaits sacrés, toutes les basses gloires,
Les sanglants constructeurs des religions noires,
Arbuez, l'âme terrible où se réfugia
L'affreux dogme sorti de l'antre à Borgia,
Bossuet bénissant Montrevel, les bastilles
Faisant comme des dents grincer leurs sombres grilles;
Ces masques, Loyola, de Maistre, dont l'œil luit,
Tomberaient, laissant voir ce visage, la nuit;
Alors reparaîtraient Cisneros, Farinace,
Louvois, Maupeou, la vieille autorité tenace
Sous qui rampe la foule aux confuses rumeurs;
Et ces lugubres lois, et ces lugubres mœurs
Qui livrent aux bûchers l'Italie et l'Espagne,
Jettent au cabanon Colomb, mettent au bagne
Des peuples tout entiers, juifs ou bohémiens,
Et qui font Louis-quinze assassin de Damiens.

LE POËTE.

On reverrait ce Styx, le passé! mornes rives!

LE CHOEUR.

Non, France. L'univers a besoin que tu vives.
Tu vivras. L'avenir mourrait sous ton linceul.

LE POËTE.

France, France, sans toi le monde serait seul.

LE CHOEUR.

Tu vivras.

Cependant il ne faut pas qu'on dorme.
On sent derrière soi rôder la mort difforme,

On dirait qu'ennuyé d'attendre les vivants,
Le naufrage hideux, blême et battu des vents,
Sort de la mer et vient chercher l'homme sur terre.
Une lave nouvelle ouvre un nouveau cratère.

LE POËTE.

La France est prise en traître une seconde fois.

LE CHOEUR.

L'eau perfide s'ajoute au guet-apens des rois.
D'où vient cette colère odieuse des fleuves?
L'eau devient un suaire et tout meurt. Que de veuves!
Que d'orphelins! Massacre inepte d'innocents!
L'horreur, du sombre amas des nuages pesants,
Pleut, comme si le ciel devenait haïssable;
La rose est sous la fange et l'épi sous le sable.
Le miasme impur flotte où flottait le parfum.
Cadavres qui passez, accusez-vous quelqu'un?
O berceaux à vau-l'eau, que criez-vous dans l'ombre?
Est-ce qu'il se pourrait que les forces sans nombre
Dont le balancement remplit l'immensité,
Eussent on ne sait quelle étrange volonté?

Est-ce que quelque part la nature est maudite ?
Est-ce qu'un tel malheur, ciel noir, se prémédite ?
D'un astre qu'on ignore est-ce donc le lever ?
Et les hommes tremblants se sont mis à rêver.
Les écumes au sud, dans le nord les fumées !
Tout broyé, fleurs et fruits, moissons, peuples, armées,
Sous les chars de la nuit dont l'éclair est l'essieu !
Ruine et mort. Qui donc fait tout cela ?

LE PRÊTRE.

C'est Dieu.

LE POËTE.

Prêtre, que dis-tu là ? Dieu serait le coupable !

LE CHOEUR.

Quoi ! de tant de forfaits ce Dieu serait capable !
Quoi ! Dieu viendrait marcher sur nous comme un géant !

LE POËTE.

Quoi ! prêtres ! ce chaos, ce hasard, ce néant
Promenant son niveau sur la foule innocente,

Ces désastres faisant ensemble leur descente,
Ce serait l'action de ce maître hagard !
Quoi ! cet aveuglement, ce serait son regard !
Quoi ! la Fatalité serait la Providence !
Quoi ! dans cette noirceur c'est Dieu qui se condense !
C'est là votre façon d'adorer ! Taisez-vous !
Cela fait frissonner, le blasphème à genoux !
Horreur ! jusqu'à l'affront pousser l'idolâtrie !
Hélas ! nous le savons, qu'en la fauve Syrie
On aille réveiller Baal, qu'on aille au Nil
Fouiller les dieux d'Égypte au fond de leur chenil,
Du Moloch de granit au Jupiter de bronze,
Qu'on rôde, interrogeant le flamine et le bonze,
Ceux de Dodone, ceux de Tyr, ceux de Membré,
Hélas ! on trouvera Dieu toujours adoré,
Et l'on constatera toujours, dans tous les cultes,
Le même amour prouvé par les mêmes insultes !
Synagogue ou wigwam, syringe ou parthénon,
Pas un temple ne sait nommer Dieu par son nom ;
Leur ignorance à voir l'invisible s'obstine.
O triste erreur. Védas, croix grecque, croix latine,
Koran, Talmud, tous font par Dieu même, *a Deo,*
Commettre ce forfait qu'on appelle un fléau !
Ah ! qui que vous soyez, vous qui, dans la mosquée,
Accouplant à l'erreur la vérité masquée,
Offrant tantôt de l'ombre et tantôt des rayons,
Vendez ce Dieu, sachez ceci, nous y croyons !
Et nous ne voulons pas qu'on l'outrage ! ô misère !

Quoi, lui le paternel, quoi, lui le nécessaire,
Il serait sans raison, sans loi, sans cœur, sans yeux !
Il tomberait du ciel, stupide et furieux,
Comme un caillou roulant d'un mont, comme une pierre !
Et quand l'homme dirait en le voyant à terre :
Quel est ce projectile imbécile au milieu
De ce ravage atroce ? il reconnaîtrait Dieu !

LE PRÊTRE.

Courbez vos fronts. C'est juste et même salutaire ;
Il faut bien que le ciel punisse enfin la terre.
Le châtiment descend des éternels sommets.

LE POËTE.

Châtier ! punir ! Quoi ? nos crimes ? Soit. J'admets
Qu'il se fait ici-bas bien des actions viles ;
Il est des fronts souillés, il est des cœurs serviles ;
L'homme est souvent hideux. Soit. Eh bien, supposons
L'impossible, entassons l'Ossa des trahisons
Sur l'abject Pélion des lâchetés ; qu'on rêve,
Comme à perte de vue un flot sur une grève,
Toute la faute et tout le crime, et le frisson

De la honte emplissant le livide horizon ;
Oui, supposons l'absurde, imposture ou démence,
Le culte de l'agneau produisant l'inclémence,
Un pontife quelconque, indou, juif ou romain,
Essayant d'arrêter Dieu dans l'esprit humain,
Et ne comprenant rien au foudroyant mystère
Qui fait surgir, après Torquemada, Voltaire ;
Imaginons, quoi? Tout! Qu'on en vienne à bâtir
Dans ce Paris qui fut soldat, qui fut martyr,
Devant le Panthéon sublime, une pagode ;
Qu'on mette Messaline et Tartuffe à la mode ;
Qu'on fasse le mensonge évêque ou sénateur,
Si bien que la bassesse ait droit à la hauteur ;
Supposons ce qu'on n'a jamais vu, la chimère ;
Un faussaire escroquant l'empire ; notre mère,
La France, violée et tombant tout en pleurs
Du bivouac des héros dans l'antre des voleurs ;
Supposons que trahir devienne une devise ;
Que le juge indigné d'un crime, se ravise
Et lui prête serment, puis, sur la loi monté,
Fasse de la justice une fidélité
A ce crime, toujours infâme, mais auguste ;
Supposons que le vrai soit faux, le juste injuste
Le scélérat sacré, l'honnête homme puni ;
Et que le prêtre mente et devienne infini
Dans l'opprobre, à ce point de donner pour exemple
Le mal, et d'ébranler les colonnes du temple
Par de prodigieux Tedeums bénissant

La griffe impériale encor rouge de sang!
Tout ce que vous voudrez d'attentats, de folies;
Soit. Rêvez des horreurs sans mesure accomplies
Par n'importe quel roi, n'importe quel sénat!
Eh bien, je ne crois point que cela me donnât
Le droit d'amonceler des gouffres de nuées,
D'appeler les autans poussant d'aigres huées
Au-dessus d'un logis paisible, et de noyer
L'humble nouveau-né, joie et rayon du foyer,
Qui dans son petit lit chante, rit, jase et cause
En tâchant de baiser le bout de son pied rose!

Non, je ne pense pas que tous ces forfaits-là,
Même en multipliant Judas par Attila,
Même en mêlant Bismarck et Bonaparte au crime,
Pourraient à quelque dieu que ce soit dans l'abîme
Donner, dans l'ombre affreuse où le jour s'engloutit,
Le droit de se ruer sur ce pauvre petit,
Et de faire, en versant sur lui l'ombre ou la flamme,
Rouler le doux berceau dans le sépulcre infâme!

LE CHOEUR.

Ainsi ces deux fléaux ne sont point, l'un, l'erreur
De la science, et l'autre, un crime d'empereur,

Des coteaux mal boisés, des villes mal gardées;
Non, c'est le châtiment, de quoi? De nos idées,
Et des pas en avant que fait le genre humain!

LE POËTE.

C'est pour venir jeter dans notre dur chemin
Cette explication sourde, bigote, athée,
Que tu te couronnais d'une mitre argentée,
Prêtre, et que d'un camail sacré tu t'empourprais!
La France est accablée, et Dieu l'a fait exprès!

LE PRÊTRE.

Oui.

LE POËTE.

Quoi! l'assassinat des villes et des plaines,
Quoi! la peste exhalant ses infectes haleines,
Quoi! le silence affreux mêlé d'un affreux bruit,
Quoi! toute cette trombe éparse dans la nuit,
Immense, noyant l'homme et la terre féconde,
Et délayant la mort pour engloutir un monde,

Quoi ! ces horribles flots lâchement triomphants,
Quoi ! ces vieux laboureurs, quoi ! ces petits enfants,
Ces nouveau-nés cherchant des seins, trouvant des fosses,
Quoi ! ces mères pleurant leurs fils, ces femmes grosses
Qui flottent, l'œil fermé, dans le gouffre écumant,
Et dont le ventre mort apparaît par moment
Sous le glissement noir de cette transparence,
Quoi ! toute cette horreur, toute cette souffrance,
L'eau jetée au hasard comme on jette les dés,
Quoi ! la brutalité des fleuves débordés,
Ce serait lui ! ce Dieu ferait ces catastrophes !
Lui qu'adore le rêve obscur des philosophes,
Lui devant qui l'on sent tressaillir la forêt,
Lui, que l'uléma chante au haut du minaret
Et que l'évêque loue en élevant sa crosse,
Lui, ce père ! il serait cette bête féroce !

Ah ! si vous disiez vrai, myopes de l'autel,
Si ce prodigieux et sublime Immortel
Avait de tels accès, et s'il était possible
Qu'ainsi qu'un archer sombre il eût l'homme pour cible,
S'il pouvait être pris dans ce flagrant délit,
S'il chassait les torrents farouches de leur lit,
S'il tuait, fou lugubre, en croyant qu'il se venge,
Alors la Justice, âpre et formidable archange,
Se dresserait devant le pâle Créateur,
Questionnerait l'être immense avec hauteur,

Et le menacerait, elle, cette éternelle,
De fuir et d'emporter l'aurore sous son aile,
Et rien ne serait plus sinistre, ô gouffre bleu,
Que le balbutiement épouvanté de Dieu !

Non ! non ! non ! Je vous plains. J'ai l'horreur infinie
De voir comment un dogme avorte en calomnie,
Mais je vous absous. L'ombre est dans vos tristes murs ;
L'obscurité n'est pas la faute des obscurs.
Plus qu'ils ne le voudraient les prêtres sont funèbres ;
Votre âme est la noyée informe des ténèbres
Et flotte évanouie au fond des préjugés.
Je vous plains. Mettez-vous à genoux, et songez.

LE CHOEUR.

Et nous, les survivants, secourons ceux qui meurent.
Au-dessus des grands deuils les grands devoirs demeurent.
Donnons ! donnons ! Vidons le reste du sac d'or.
Les barbares n'ont pas tout pris. Donnons encor !
Les rois sont les plus forts et les cieux les tolèrent ;
Mais qu'importe ! faisons rougir ceux qui volèrent
Cette France, toujours prête à tout secourir.
Soyons le cœur profond que rien ne peut tarir ;
La France a toujours eu la bonté pour génie ;

Donnons, et penchons-nous sur la vaste agonie.
Donnons ! La France, hélas ! en est à ne plus voir
Que des bras suppliants dans un horizon noir ;
Cette nuit qu'on nous fait, ce n'est pas notre crime,
Et nous la subissons. Soit. Le peuple est sublime
Qui n'éteint pas l'amour quand l'ombre emplit le ciel,
Et devient ténébreux mais reste fraternel.
Des misères sont là, nos âmes leur sont dues.
Ah ! que des mains vers nous soient vainement tendues,
Cela ne se peut pas ! Donnons ! donnons ! donnons !
Qu'au moins le désespoir nous ait pour compagnons ;
Que pas un affamé ne demeure livide,
Et que pas une main ne se referme vide.
Donnons. Surtout gardons l'espoir. L'espoir est beau ;
Nous sommes dans le deuil, mais non dans le tombeau.

LE POËTE.

Nous sommes un pays désemparé qui flotte,
Sans boussole, sans mâts, sans ancre, sans pilote,
Sans guide, à la dérive, au gré du vent hautain,
Dans l'ondulation obscure du destin ;
L'abîme, où nous roulons comme une sombre sphère,
Murmure, comme s'il cherchait ce qu'il va faire
De ce radeau chargé de pâles matelots ;

Délibération orageuse des flots.
Mais, ô peuple, ayons foi. La vie est où nous sommes.
Je le redis, la France est un besoin des hommes;
Après sa chute comme avant qu'elle tombât,
L'immense cœur du monde en sa poitrine bat.
Nous vivons. Nous sentons plus que jamais notre âme.
Ah! ce que nous a fait le destin est infâme,
Et j'en suis indigné, moi qui songe la nuit!
Hélas! Strasbourg s'éclipse et Metz s'évanouit,
Faut-il donc renoncer au Rhin, notre frontière?
Non! nous ne voulons pas. Et la volonté fière,
Avec l'accroissement de nos ongles, suffit.
Ce que le sort fait mal toujours Dieu le défit;
Espérons. Il serait en effet bien étrange
Que le peuple qui va vers l'aurore et dérange
Le vieil ordre du mal rien qu'en se remuant,
Aigle, fût désormais captif du chat-huant,
Que le libérateur du monde fût esclave,
Et que ce vaste Etna vît se figer sa lave
Sous des bouches soufflant on ne sait quels venins,
Et que ce géant fût garrotté par des nains!
Il serait inouï que cette altière France
Par qui s'est envolé l'archange Délivrance,
Après avoir sonné les sublimes beffrois,
Et mis les nations hors du cachot des rois,
Et déployé pour tous les peuples sa bannière,
Fût de la liberté des autres prisonnière,
Et livrée aux geôliers par ceux dont elle a fait

La force, en ces grands jours où le droit triomphait !
Cela ne sera pas ! Quelle que soit l'injure,
Quelque affreuse que semble être cette gageure
Du funeste Aujourd'hui contre le fier Demain,
Nous sommes les vivants profonds du droit humain ;
Ayons foi. Ces fléaux et ces rois d'un autre âge
Passeront. Quels que soient l'affront, le deuil, l'outrage,
L'énigme et la noirceur apparente du sort,
On cesse de haïr la nuit quand l'aube en sort !
Et, France, tu vaincras, ô prêtresse, ô guerrière,
Les tyrans par l'épée et Dieu par la prière !
Oui, prêtres, nous prions. Je crois, sachez-le bien.
Comme le vert palmier craint l'autan libyen,
Nous craignons pour nos fils votre enseignement triste ;
Ah ! vous ébranlez tout, prêtres. Mais Dieu résiste.
Nous l'avons dans nos cœurs, et pas déraciné.
Je veux mourir en lui, car en lui je suis né ;
Et je sens dans mon âme où tout l'aime et le nomme
Que c'est du droit de Dieu qu'est fait le droit de l'homme.

LE CHOEUR.

Une fois que le vrai s'est mis en marche, il va
Droit au but, et toujours l'avenir arriva.

LE POËTE.

Esprit humain, nul vent ne te cassera l'aile.
Jamais rien ne pourra troubler le parallèle
Entre l'ordre céleste et l'humaine raison ;
L'aurore frémirait derrière l'horizon
Des propositions que lui ferait l'abîme.
L'enchaînement sans fin suit une loi sublime ;
Toute ombre est une fuite ; et toujours le moment
Superbe, où blanchira le bas du firmament,
Vient quand il doit venir, et jamais la Chaldée
Ni l'Inde aux yeux rêveurs n'ont vu l'aube attardée ;
Nul souffle au fond du ciel n'éteint l'éternel feu ;
L'infini conscient que nous appelons Dieu
Soutient tout ce qui penche, entend tout ce qui pleure ;
Aucun fléau ne peut demeurer passé l'heure ;
Nulle calamité n'a droit de s'arrêter ;
Dieu ne permettra pas à la nuit de rester.
Dieu ne laissera pas continuer le crime.
Croit-on que le soleil manquerait à la cime
Qui l'attend, lui le grand visage souriant ?
Comprendrait-on l'étoile oubliant l'Orient ?
Le devoir de l'obstacle est de se laisser vaincre.
Demain nous appartient ; rien ne pourra convaincre
Le jour qu'il ne doit pas se lever du côté

Du droit, de la justice et de la vérité.
Dieu supprime le mal, les fléaux, les désastres,
Par la fidélité formidable des astres.

LE CHOEUR.

France, songe au devoir. Sois grande, c'est ta loi.

LE POËTE.

Et fais de ta mémoire un redoutable emploi
En y gardant toujours les villes arrachées.
Enseignons à nos fils à creuser des tranchées,
A faire comme ont fait les vieux dont nous venons,
A charger des fusils, à rouler des canons,
A combattre, à mourir, et lisons-leur Homère.
Et tu nous souriras, quoique tu sois leur mère,
Car tu sais que des fils qui meurent fièrement
Sont l'orgueil de leur mère et son contentement.
France, ayons l'ennemi présent à la pensée,
Comme les grands Troyens qui, sur la porte Scée,
S'asseyaient et suivaient des yeux les assiégeants.
Ces rois heureux autour de nous sont outrageants;
Aimons les peuples, mais n'oublions pas les princes.

En même temps restons penchés sur ces provinces
Qui sanglotent, en proie aux fléaux jamais las.
Soyons amers et doux. La question, hélas !
Est toute dans ce mot sans fond : les misérables ;
Ceux-ci sont monstrueux ; ceux-là sont vénérables ;
Réprimons ceux d'en haut; secourons ceux d'en bas ;
Prodiguons l'aide immense en songeant aux combats.
Peuple, il est deux trésors, l'un clarté, l'autre flamme,
Qu'il ne faut pas laisser décroître dans notre âme,
Et qui sont de nos cœurs chacun une moitié,
C'est la sainte colère et la sainte pitié.

XXIII

LES PETITS

GUERRE CIVILE

La foule était tragique et terrible; on criait :
A mort! Autour d'un homme altier, point inquiet,
Grave, et qui paraissait lui-même inexorable,
Le peuple se pressait : A mort le misérable !
Et, lui, semblait trouver toute simple la mort.
La partie est perdue, on n'est pas le plus fort,
On meurt; soit. Au milieu de la foule accourue,
Les vainqueurs le traînaient de chez lui dans la rue

— A mort l'homme ! — On l'avait saisi dans son logis ;
Ses vêtements étaient de carnage rougis ;
Cet homme était de ceux qui font l'aveugle guerre
Des rois contre le peuple, et ne distinguent guère
Scévola de Brutus, ni Barbès de Blanqui ;
Il avait tout le jour tué n'importe qui ;
Incapable de craindre, incapable d'absoudre,
Il marchait, laissant voir ses mains noires de poudre ;
Une femme le prit au collet : — A genoux !
C'est un sergent de ville. Il a tiré sur nous !
— C'est vrai, dit l'homme. — A bas ! A mort ! qu'on le fusille !
Dit le peuple. — Ici ! Non ! Plus loin ! A la Bastille !
A l'arsenal ! Allons ! Viens ! Marche ! — Où vous voudrez,
Dit le prisonnier. — Tous, hagards, les rangs serrés,
Chargèrent leurs fusils. — Mort au sergent de ville !
Tuons-le comme un loup ! — Et l'homme dit, tranquille :
— C'est bien, je suis le loup, mais vous êtes les chiens.
— Il nous insulte ! A mort ! — Les pâles citoyens
Croisaient leurs poings crispés sur le captif farouche ;
L'ombre était sur son front et le fiel dans sa bouche ;
Cent voix criaient : — A mort ! A bas ! Plus d'empereur !
On voyait dans ses yeux un reste de fureur
Remuer vaguement comme une hydre échouée ;
Il marchait, poursuivi par l'énorme huée,
Et, calme, il enjambait, plein d'un superbe ennui,
Des cadavres gisants, peut-être faits par lui.
Le peuple est effrayant lorsqu'il devient tempête ;
L'homme sous plus d'affronts levait plus haut la tête ;

Il était plus que pris ; il était envahi.
Dieu ! comme il haïssait ! comme il était haï !
Comme il les eût, vainqueur, fusillés tous ! — Qu'il meure !
Il nous criblait encor de balles tout à l'heure !
A bas cet espion, ce traître, ce maudit !
A mort ! c'est un brigand ! — Soudain on entendit
Une petite voix qui disait : — C'est mon père !
Et quelque chose fit l'effet d'une lumière.
Un enfant apparut. Un enfant de six ans ;
Ses deux bras se dressaient suppliants, menaçants.
Tous criaient : — Fusillez le mouchard ! Qu'on l'assomme !
Et l'enfant se jeta dans les jambes de l'homme,
Et dit, ayant au front le rayon baptismal :
— Père, je ne veux pas qu'on te fasse de mal !
Et cet enfant sortait de la même demeure.
Les clameurs grossissaient : — A bas l'homme ! Qu'il meure !
A bas ! finissons-en avec cet assassin !
Mort ! — Au loin le canon répondait au tocsin.
Toute la rue était pleine d'hommes sinistres.
— A bas les rois ! A bas les prêtres, les ministres,
Les mouchards ! Tuons tout ! c'est un tas de bandits !
Et l'enfant leur cria : — Mais puisque je vous dis
Que c'est mon père ! — Il est joli, dit une femme,
Bel enfant ! — On voyait dans ses yeux bleus une âme ;
Il était tout en pleurs, pâle, point mal vêtu.
Une autre femme dit : — Petit, quel âge as-tu ?
Et l'enfant répondit : — Ne tuez pas mon père !
Quelques regards pensifs étaient fixés à terre,

Les poings ne tenaient plus l'homme si durement.
Un des plus furieux, entre tous inclément,
Dit à l'enfant : — Va-t-en ! — Où ? — Chez toi. — Pourquoi faire ?
— Chez ta mère. — Sa mère est morte, dit le père.
— Il n'a donc plus que vous ? — Qu'est-ce que cela fait ?
Dit le vaincu. Stoïque et calme, il réchauffait
Les deux petites mains dans sa rude poitrine,
Et disait à l'enfant : — Tu sais bien, Catherine ?
— Notre voisine ? — Oui. Va chez elle. — Avec toi ?
— J'irai plus tard. — Sans toi je ne veux pas. — Pourquoi ?
— Parce qu'on te ferait du mal. — Alors le père
Parla tout bas au chef de cette sombre guerre :
— Lâchez-moi le collet. Prenez-moi par la main,
Doucement. Je vais dire à l'enfant : A demain !
Vous me fusillerez au détour de la rue,
Ailleurs, où vous voudrez. — Et, d'une voix bourrue :
— Soit, dit le chef, lâchant le captif à moitié.
Le père dit : — Tu vois. C'est de bonne amitié.
Je me promène avec ces messieurs. Sois bien sage.
Rentre. — Et l'enfant tendit au père son visage,
Et s'en alla, content, rassuré, sans effroi.
— Nous sommes à notre aise à présent, tuez-moi,
Dit le père aux vainqueurs ; où voulez-vous que j'aille ? —
Alors, dans cette foule où grondait la bataille,
On entendit passer un immense frisson,
Et le peuple cria : Rentre dans ta maison !

PETIT PAUL

Sa mère en le mettant au monde s'en alla.
Sombre distraction du sort. Pourquoi cela?
Pourquoi tuer la mère en laissant l'enfant vivre?
Pourquoi par la marâtre, ô deuil! la faire suivre?
Car le père était jeune, il se remaria.
Un an, c'est bien petit pour être paria;

Et le bel enfant rose avait eu tort de naître.
Alors un vieux bonhomme accepta ce pauvre être ;
C'était l'aïeul. Parfois ce qui n'est plus défend
Ce qui sera. L'aïeul prit dans ses bras l'enfant
Et devint mère. Chose étrange et naturelle.
Sauver ce qu'une morte a laissé derrière elle ;
On est vieux, on n'est plus bon qu'à cela ; tâcher
D'être le doux passant, celui que vont chercher,
D'instinct, les accablés et les souffrants sans nombre,
Et les petites mains qui se tendent dans l'ombre ;
Il faut bien que quelqu'un soit là pour le devoir ;
Il faut bien que quelqu'un soit bon sous le ciel noir,
De peur que la pitié dans les cœurs ne tarisse ;
Il faut que quelqu'un mène à l'enfant sans nourrice
La chèvre aux fauves yeux qui rôde au flanc des monts ;
Il faut quelqu'un de grand qui fasse dire : Aimons !
Qui couvre de douceur la vie impénétrable,
Qui soit vieux, qui soit jeune, et qui soit vénérable ;
C'est pour cela que Dieu, ce maître du linceul,
Remplace quelquefois la mère par l'aïeul,
Et fait, jugeant l'hiver seul capable de flamme,
Dans l'âme d'un vieillard éclore un cœur de femme.

Donc l'humble petit Paul naquit, fut orphelin,
Eut son grand œil bleu d'ombre et de lumière plein,
Balbutia les mots de la langue ingénue,
Eut la fraîche impudeur de l'innocence nue,

Fut cet ange qu'est l'homme avant d'être complet ;
Et l'aïeul, par les ans pâli, le contemplait
Comme on contemple un ciel qui lentement se dore.
Oh! comme ce couchant adorait cette aurore!

Le grand-père emporta l'enfant dans sa maison,
Aux champs, d'où l'on voyait un si vaste horizon
Qu'un petit enfant seul pouvait l'emplir. Les plaines
Étaient vertes, avec toutes sortes d'haleines
Qui sortaient des forêts et des eaux; la maison
Avait un grand jardin, et cette floraison,
Ces prés, tous ces parfums et toute cette vie
Caressèrent l'enfant; les fleurs n'ont pas d'envie.

Dans ce jardin croissaient le pommier, le pêcher,
La ronce; on écartait les branches pour marcher;
Des transparences d'eau frémissaient sous les saules;
On voyait des blancheurs qui semblaient des épaules,
Comme si quelque nymphe eût été là; les nids
Murmuraient l'hymne obscur de ceux qui sont bénis;
Les voix qu'on entendait étaient calmes et douces;
Les sources chuchotaient doucement dans les mousses;
A tout ce qui gazouille, à tout ce qui se tait,
Le remuement confus des feuilles s'ajoutait;
Le paradis, ce chant de la lumière gaie,
Que le ciel chante, en bas la terre le bégaie,

En été, quand l'azur rayonne, ô pur jardin !
Paul étant presque un ange, il fut presque un éden ;
Et l'enfant fut aimé dans cette solitude,
Hélas ! et c'est ainsi qu'il en prit l'habitude.

Un jardin, c'est fort beau, n'est-ce pas? Mettez-y
Un marmot ; ajoutez un vieillard ; c'est ainsi
Que Dieu fait. Combinant ce que le cœur souhaite
Avec ce que les yeux désirent, ce poëte
Complète, car au fond la nature c'est l'art,
Les roses par l'enfant, l'enfant par le vieillard.
L'enfant voisine avec les fleurs, c'est de son âge ;
Et l'aïeul vient, sachant qu'il est du voisinage ;
Et comme c'est exquis de rire au mois d'avril !
Un nouveau-né vermeil, et nu jusqu'au nombril,
Couché sur l'herbe en fleurs, c'est aimable, ô Virgile !
Hélas ! c'est tellement divin que c'est fragile !
Paul est d'abord bien frêle et bien chétif. Qui sait?
Vivra-t-il? Un vent noir, lorsqu'il naquit, passait,
Souffle traître ; et sait-on si cette bise amère
Ne viendra pas chercher l'enfant après la mère?
Il faut allaiter Paul ; une chèvre y consent.
Paul est frère de lait du chevreau bondissant ;
Puisque le chevreau saute, il sied que l'homme marche,
Et l'enfant veut marcher. Et l'aïeul patriarche
Dit : C'est juste. Marchons. Oh ! les enfants, cela
Tremble, un meuble est Charybde, une pierre est Scylla,

Leur front penche, leur pied fléchit, leur genou ploie,
Mais ce frémissement n'ôte rien à leur joie.
Frémir n'empêche pas la branche de fleurir.
Un an, c'est l'âge fier ; croître, c'est conquérir ;
Paul fait son premier pas, il veut en faire d'autres.
(Mères, vous le voyez en regardant les vôtres.)
Frais spectacle ! l'enfant est suivi par l'aïeul.
— Prends garde de tomber. C'est cela. Va tout seul.
Paul est brave, il se risque, hésite, appelle, espère,
Et tout à coup se met en route, et le grand-père
L'entoure de ses mains que les ans font trembler,
Et, chancelant lui-même, il l'aide à chanceler.
Et cela s'achevait par un éclat de rire.
Oh ! pas plus qu'on ne peut peindre un astre, ou décrire
La forêt éblouie au soleil se chauffant,
Nul n'ira jusqu'au fond du rire d'un enfant ;
C'est l'amour, l'innocence auguste, épanouie,
C'est la témérité de la grâce inouïe,
La gloire d'être pur, l'orgueil d'être debout,
La paix, on ne sait quoi d'ignorant qui sait tout.
Ce rire, c'est le ciel prouvé, c'est Dieu visible.

L'aïeul, grave figure à mettre en une bible,
Mage que sur l'Horeb Moïse eût tutoyé,
N'était rien qu'un bon vieux grand-père extasié ;
Il ne résistait pas au charme, et, sans défense,
Honorait, consultait et vénérait l'enfance ;

Il regardait le jour se faire en ce cerveau.
Paul avait chaque mois un bégaiement nouveau,
Effort de la pensée à travers la parole,
Sorte d'ascension lente du mot qui vole,
Puis tombe, et se relève avec un gai frisson,
Et ne peut être idée et s'achève en chanson.
Paul assemblait des sons, leur donnait la volée,
Scandait on ne sait quelle obscure strophe ailée,
Jasait, causait, glosait, sans se taire un instant,
Et la maison était ravie en l'écoutant.
Il chantait, tout riait, et la paix était faite ;
On eût dit qu'il donnait le signal de la fête ;
Et les arbres parlaient de cet enfant entr'eux ;
Et Paul était heureux ; c'est charmant d'être heureux !

Avec l'autorité profonde de la joie
Paul régnait ; son grand-père était sa douce proie ;
L'aïeul obéissait, comme il sied. — Père, attends.
Il attendait. — Non. Viens. — Il venait. Le printemps
A sur le vieil hiver tous les droits du jeune âge.
Comme ils faisaient ensemble un bon petit ménage,
Ce petit-fils tyran, ce grand-père opprimé !
Comme janvier cherchait à plaire au mois de mai !
Comme, au milieu des nids chantant à leurs oreilles,
Erraient gaiement ces deux naïvetés pareilles
Dont l'une avait deux ans et l'autre quatrevingt !
Un jour l'un oublia, mais l'autre se souvint ;

Ce fut l'enfant. La nuit pour eux n'était point noire.
L'aïeul faisait penser Paul, qui le faisait croire.
On eût dit qu'échangeant leur âme en ce beau lieu,
Chacun montrait à l'autre un des côtés de Dieu.
Ils mêlaient tout, le jour leurs jeux, la nuit leurs sommes.
Oh! quel céleste amour entre ces deux bonshommes!
Ils n'avaient qu'une chambre, ils ne se quittaient pas;
Le premier alphabet, comme le premier pas,
Quelles occasions divines de s'entendre!
Le grand-père n'avait pas d'accent assez tendre
Pour faire épeler l'ange attentif et charmé,
Et pour dire : O mon doux petit Paul bien-aimé!
Dialogues exquis! murmures ineffables!
Ainsi les oiseaux bleus gazouillent dans les fables.
— Prends garde, c'est de l'eau. Pas si loin. Pas si près.
Vois, Paul, tu t'es mouillé les pieds. — Pas fait exprès.
— Prends garde aux cailloux. — Oui, grand-père. — Va dans l'herbe
Et le ciel était pur, pacifique et superbe,
Et le soleil était splendide et triomphant
Au-dessus du vieillard baisant au front l'enfant.

Le père, ailleurs, vivait avec son autre femme.
C'est en vain qu'une morte en sa tombe réclame,
Quand une nouvelle âme entre dans la maison.
De sa seconde femme il avait un garçon,
Et Paul n'en savait rien. Q'importe! Heureux, prospère,

Gai, tranquille, il avait pour lui seul son grand-père !
Le reste existait-il ?

Le grand-père mourut.

*

Quand Sem dit à Rachel, quand Booz dit à Ruth :
Pleurez, je vais mourir ! Rachel et Ruth pleurèrent ;
Mais le petit enfant ne sait pas ; ses yeux errent,
Son front songe. L'aïeul, parfois, se sentant las,
Avait dit : — Paul ! je vais mourir. Bientôt, hélas !
Tu ne le verras plus, ton pauvre vieux grand-père
Qui t'aimait. — Rien n'éteint cette douce lumière,
L'ignorance, et l'enfant, plein de joie et de chants,
Continuait de rire.

Une église des champs,
Pauvre comme les toits que son clocher protége,

S'ouvrit. Je me souviens que j'étais du cortége.
Le prêtre, murmurant une vague oraison,
Les amis, les parents, vinrent dans la maison
Chercher le doux aïeul pour l'aller mettre en terre ;
La plaine fut riante autour de ce mystère ;
On dirait que les fleurs aiment ces noirs convois ;
De bonnes vieilles gens priaient, mêlant leurs voix ;
On suivit un chemin, creux comme une tranchée ;
Au bord de ce chemin, une vache couchée
Regardait les passants avec maternité ;
Les paysans avaient leur bourgeron d'été ;
Et le petit marchait derrière l'humble bière.
On porta le vieillard au prochain cimetière,
Enclos désert, muré d'un mur croulant, auprès
De l'église, âpre et nu, point orné de cyprès,
Ni de tombeaux hautains, ni d'inscriptions fausses ;
On entrait dans ce champ plein de croix et de fosses,
Lieu sévère où la mort dort si Dieu le permet,
Par une grille en bois que la nuit on fermait ;
Aux barreaux s'ajoutait le croisement d'un lierre ;
Le petit enfant, chose obscure et singulière,
Considéra l'entrée avec attention.

Le sort pour les enfants est une vision ;
Et la vie à leurs yeux apparaît comme un rêve.

Hélas! la nuit descend sur l'astre qui se lève.

Paul n'avait que trois ans.

       — Vilain petit satan!
Méchant enfant! Le voir m'exaspère! Va-t-en!
Va-t-en! Je te battrais! Il est insupportable.
Je suis trop bonne encor de le souffrir à table.
Il m'a taché ma robe, il a bu tout le lait.
A la cave! Au pain sec! Et puis il est si laid! —
A qui donc parle-t-on? A Paul. — Pauvre doux être!
Hélas! après avoir vu l'aïeul disparaître,
Paul vit dans la maison entrer un inconnu,
C'était son père; puis une femme au sein nu,
Allaitant un enfant; l'enfant était son frère.

La femme l'abhorra sur-le-champ. Une mère
C'est le sphinx; c'est le cœur inexorable et doux,
Blanc du côté sacré, noir du côté jaloux,
Tendre pour son enfant, dur pour l'enfant d'une autre.

Souffrir, sachant pourquoi, martyr, prophète, apôtre,
C'est bien ; mais un enfant, fantôme aux cheveux d'or,
Être déjà proscrit n'étant pas homme encor !

L'épine de la ronce après l'ombre du chêne !
Quel changement ! l'amour remplacé par la haine !

Paul ne comprenait plus. Quand il rentrait le soir,
Sa chambre lui semblait quelque chose de noir ;
Il pleura bien longtemps. Il pleura pour personne.
Il eut le sombre effroi du roseau qui frissonne.
Ses yeux en s'éveillant regardaient étonnés.
Ah ! ces pauvres petits, pourquoi donc sont-ils nés ?
La maison lui semblait sans jour et sans fenêtre,
Et l'aurore n'avait plus l'air de le connaître.
Quand il venait : — Va-t-en ! Délivrez-moi de ça !
Criait la mère. Et Paul lentement s'enfonça
Dans de l'ombre. Ce fut comme un berceau qu'on noie.
L'enfant qui faisait tout joyeux, perdit la joie ;
Sa détresse attristait les oiseaux et les fleurs ;
Et le doux boute-en-train devint souffre-douleurs.
— Il m'ennuie ! il est sale ! il se traîne ! il se vautre !
On lui prit ses joujoux pour les donner à l'autre.
Le père laissait faire, étant très-amoureux.

Après avoir été l'ange, être le lépreux !
La femme, en voyant Paul, disait : Qu'il disparaisse !

Et l'imprécation s'achevait en caresse.
Pas pour lui.

— Viens, toi ! Viens, l'amour ! viens, mon bonheur !
J'ai volé le plus beau de vos anges, Seigneur,
Et j'ai pris un morceau du ciel pour faire un lange.
Seigneur, il est l'enfant, mais il est resté l'ange.
Je tiens le paradis du bon Dieu dans mes bras.
Voyez comme il est beau ! Je t'aime. Tu seras
Un homme. Il est déjà très-lourd. Mais c'est qu'il pèse
Presque autant qu'un garçon qui marcherait ! Je baise
Tes pieds, et c'est de toi que me vient la clarté ! —
Et Paul se souvenait, avec la quantité
De mémoire qu'auraient les agneaux et les roses,
Qu'il s'était entendu dire les mêmes choses.

Il prenait dans un coin, à terre, ses repas.
Il était devenu muet, ne parlait pas,
Ne pleurait plus. L'enfance est parfois sombre et forte.

Souvent il regardait lugubrement la porte.

Un soir on le chercha partout dans la maison;
On ne le trouva point; c'était l'hiver, saison
Qui nous hait, où la nuit est traître comme un piége;
Dehors des petits pas s'effaçaient dans la neige...

On retrouva l'enfant le lendemain matin.
On se souvint de cris perdus dans le lointain;
Quelqu'un même avait ri, croyant, dans les nuées,
Entendre, à travers l'ombre où flottent des huées,
On ne sait quelle voix du vent crier : Papa!
Papa! Tout le village, ému, s'en occupa,
Et l'on chercha; l'enfant était au cimetière.
Calme comme la nuit, blême comme la pierre,
Il était étendu devant l'entrée, et froid;
Comment avait-il pu jusqu'à ce triste endroit
Venir, seul dans la plaine où pas un feu ne brille?
Une de ses deux mains tenait encor la grille;
On voyait qu'il avait essayé de l'ouvrir.
Il sentait là quelqu'un pouvant le secourir;
Il avait appelé dans l'ombre solitaire,
Longtemps; puis il était tombé mort sur la terre,
A quelques pas du vieux grand-père, son ami.
N'ayant pu l'éveiller, il s'était endormi.

FONCTION DE L'ENFANT.

Les hommes ont la force, et tout devant eux croule ;
Ils sont le peuple, ils sont l'armée, ils sont la foule ;
Ils ont aux yeux la flamme, ils ont au poing le fer ;
Ils font les dieux ; ils sont les dieux ; ils sont l'enfer ;
Ils sont l'ombre et la guerre ; on les entend bruire,
Rugir et triompher ; ils peuvent tout détruire,

Et, plus hauts et plus sourds que le sphinx nubien,
Fouler aux pieds le vrai, le faux, le mal, le bien,
Les uns au nom des droits, d'autres au nom des bibles;
Ils sont victorieux, formidables, terribles;
Mais les petits enfants viennent à leur secours.

L'enfant ne suit pas l'homme, ayant les pas trop courts,
Heureusement; il rit quand nous pleurons, il pleure
Quand nous rions; son aile en tremblant nous effleure,
Et rien qu'en nous touchant nous transforme, et, sans bruit,
Met du jour dans nos cœurs pleins d'orage et de nuit.
Notre hautaine voix n'est qu'un clairon superbe;
C'est dans la bouche rose et tendre qu'est le verbe;
Elle seule peut vaincre, avertir, consoler;
Dans l'enfant qui bégaie on entend Dieu parler;
L'enfant parfois défend son père, et, dans la ville
Frémissante de haine et de guerre civile,
Il le sauve; et le peuple, apaisé, rayonnant,
Dit : Lequel doit la vie à l'autre maintenant?

Il suffit quelquefois de ce doux petit être,
Plus brave qu'un soldat et plus pensif qu'un prêtre,
Pour rallumer soudain, sous son vol d'alcyon,
Dans une populace un cœur de nation,
Pour que la multitude aveugle ait des prunelles,
Pour qu'on voie accourir des sphères éternelles

La raison, la pitié, l'amour, la vérité,
Et pour que, sur les flots d'un noir peuple irrité,
La Justice, euménide effrayante et sans voile,
Se dresse, ayant au front le pardon, cette étoile !
Il arrive parfois, dans les temps convulsifs,
Quand tout un peuple écume et bat les durs récifs,
Qu'un enfant brusquement, dans cette haine amère,
Blond, pâle, accourt, surgit, voit son père ou sa mère,
Fait un pas, pousse un cri, tend les bras, et, soudain,
Vainqueurs pleins de courroux, vaincus pleins de dédain,
Hésitent, sont hagards, comprennent qu'ils se trompent,
Sentent une secousse obscure, et s'interrompent,
Les vainqueurs de tuer, les vaincus de mourir ;
Cette fragilité, faite pour tout souffrir,
Vient nous protéger tous, eux, dans leur ombre noire,
Contre leur chute, et nous contre notre victoire ;
Les hommes stupéfaits sont bons ; l'enfant le veut.
Sainte intervention ! Cette tête s'émeut
Au moindre vent, elle est frissonnante, elle tremble ;
Cette joue est vermeille et délicate ; il semble
Que des souffles d'avril elle attend le baiser,
Un papillon viendrait sur ce front se poser ;
C'est charmant ; tout à coup cela devient auguste
Et terrible ; arrêtez ! l'innocent, c'est le juste !
Éblouissement ! l'ombre est vaincue ; on dirait
Qu'au ciel une nuée entr'ouverte apparaît
Et jette sur la terre une lueur énorme ;
Tout s'éclaire ; le bien, le vrai, reprend sa forme ;

Et les cœurs terrassés sentent subitement
Se calmer ce qui mord, se taire ce qui ment,
Et s'effacer la haine et la nuit se dissoudre

On croit voir une fleur d'où sort un coup de foudre.

QUESTION SOCIALE

O détresses du faible ! ô naufrage insondable !
Un jour j'ai vu passer un enfant formidable,
Une fille; elle avait cinq ans; elle marchait
Au hasard, elle était dans l'âge du hochet,
Du bonbon, des baisers, et n'avait pas de joie ;
Elle avait l'air stupide et profond de la proie

Sous la griffe, et d'Atlas que le monde étouffait,
Et semblait dire à Dieu : Qu'est-ce que je t'ai fait?
Dieu. Non. Elle ignorait ce mot. Le penseur creuse,
L'enfant souffre. Elle était en haillons, pâle, affreuse,
Jolie, et destinée aux sinistres attraits;
Elle allait au milieu de nous, passants distraits,
Toute petite avec un grand regard farouche.
Le pli d'angoisse était aux deux coins de sa bouche;
Tout son être exprimait Rien, l'absence d'appui,
La faim, la soif, l'horreur, l'ombre, et l'immense ennui.
Quoi! l'éternel malheur pèse sur l'éphémère!

On entendait quelqu'un rire, c'était sa mère;
Cette femme, une fille au fond d'un cabaret,
N'avait pas même l'air de savoir qu'on errait
Dehors, là, dans la rue, en grelottant, sans gîte,
Sous le givre et la pluie, et qu'on était petite,
Et que ce pauvre enfant tragique était le sien.
Cette mère, pas plus qu'on ne remarque un chien,
N'apercevait cet être et sa sombre guenille.
Sorte de rose infâme ignorant sa chenille.

Elle-même jadis avait été cela.

Maintenant, Margoton changée en Paméla,

Elle offrait aux passants des faveurs mal venues,
Chantante ; elles étaient toutes deux demi-nues,
L'une pour les affronts, l'autre pour les douleurs ;
La mère, gaie, avait au front d'horribles fleurs ;
Il arrivait parfois, vers le soir, à la brune,
Que la mère et l'enfant se rencontraient, et l'une
Regardait son passé, l'autre son avenir.

Voir l'une commencer et voir l'autre finir !
O misère !

      L'enfant se taisait, grave, amère.
Cette femme, après tout, était-elle sa mère ?
Oui. Non. Ceux qui mêlaient autour d'elles leurs pas
En parlaient au hasard et ne le savaient pas.
L'infortune est de l'ombre, et peut-être cet ange
N'avait-il même pas une mère de fange,
Hélas ! et l'humble enfant, seul sous le firmament,
Marchait terrible avec un air d'étonnement.
Elle ne paraissait ni vivante ni morte.
— Mais qu'a donc cet enfant à songer de la sorte ?
Disait-on autour d'elle. — Est-ce qu'on la connaît ?
Non. Les gens lui donnaient du pain qu'elle prenait
Sans rien dire ; elle allait devant elle, indignée.
Pour moi, rêveur, sa main tenait une poignée
D'invisibles éclairs montant de bas en haut ;

Ses yeux, comme on regarde un plafond de cachot,
Regardaient le grand ciel où l'aube ne sait naître
Que pour s'éteindre, et tout l'ensemble de cet être
Était on ne sait quoi d'âpre, de bégayant,
Et d'obscur, d'où sortait un reproche effrayant;
La ville avec ses tours, ses temples et ses bouges,
Devant son front hagard et ses prunelles rouges
S'étalait, vision inutile, et jamais
Elle n'avait daigné remarquer ces sommets
Qu'on nomme Panthéon, Étoile, Notre-Dame;
On eût dit que sur terre elle n'avait plus d'âme,
Qu'elle ignorait nos voix, qu'elle était de la nuit
Ayant la forme humaine et marchant dans ce bruit;
Et rien n'était plus noir que ce petit fantôme.

La quantité d'enfer qui tient dans un atome
Étonne le penseur, et je considérais
Cette larve, pareille aux lueurs des forêts,
Blême, désespérée avant même de vivre,
Qui, sans pleurs et sans cris, d'ombre et de terreur ivre,
Rêvait et s'en allait, les pieds dans le ruisseau,
Némésis de cinq ans, Méduse du berceau.

XXIV

LA-HAUT

LÀ-HAUT

—

Un jour l'étoile vit la comète passer,
Rit, et, la regardant au gouffre s'enfoncer,
Cria : — La voyez-vous courir, la vagabonde ?
Jadis, dans l'azur chaste où la sagesse abonde,
Elle était comme nous étoile vierge, ayant
Des paradis autour de son cœur flamboyant,
Et ses rayons, liant les sphères, freins et brides,
Faisaient tourner le vol des planètes splendides ;
Rien n'égalait son nimbe auguste, et dans ses nœuds
Sa chevelure avait dix globes lumineux ;

Elle était l'astre à qui tout un monde s'appuie.
Un jour, tout à coup, folle, ivre, elle s'est enfuie.
Un vertige l'a prise et l'a jetée au fond
Des chaos où Moloch avec Dieu se confond.
Quand elle en est sortie, elle était insensée;
Elle n'a plus voulu suivre que sa pensée,
Sa furie, un instinct fougueux, torrentiel,
Mauvais, car l'équilibre est la vertu du ciel.
Devant elle, au hasard, elle s'en est allée;
Elle s'est dans l'abîme immense échevelée;
Elle a dit : Je me donne au gouffre, à volonté!
Je suis l'infatigable; il est l'illimité.
Elle a voulu chercher, trouver, sonder, connaître,
Voir les mondes enfants, tâcher d'en faire naître,
Aller jusqu'en leur lit provoquer les soleils,
Examiner comment les enfers sont vermeils,
Voir Satan, visiter cet astre en sa tanière,
L'approcher, lui passer la main dans la crinière,
Et lui dire : Lion, je t'aime! Iblis, Mammon,
Prends-moi, je viens m'offrir, déesse, à toi démon!
Elle s'est faite, ainsi que l'air, fuyante et souple,
Elle a voulu goûter l'âcre extase du couple;
Et sans cesse épouser des univers nouveaux;
Elle a voulu toucher les croupes des chevaux
De la foudre, et, parmi les bruits visionnaires,
Rôder dans l'écurie énorme des tonnerres;
Elle a mis de l'éclair dans sa fauve clarté;
Elle a tout violé par curiosité;

Et l'on sent, en voyant ses flamboiements funèbres,
Que sa lumière s'est essuyée aux ténèbres.
Les soleils tour à tour l'ont. Elle a préféré
A la majesté fixe au haut du ciel sacré,
On ne sait quelle course, audacieuse, oblique,
Étrange, et maintenant elle est fille publique.

Et la comète dit à l'étoile : — Vesta,
Tu te trompes. Je suis Vénus. Quand Dieu resta,
Après que le noir couple humain eut pris la fuite,
Seul dans le paradis, Satan lui dit : Ensuite ?
Et Dieu vit que l'amour est un besoin qu'on a,
Et que sans lui le monde a froid ; il m'ordonna
D'aller incendier le gouffre où tout commence,
Et Dieu mit la sagesse où tu vois la démence.
Depuis ce jour-là, j'erre et je vais en tous lieux
Rappeler à l'hymen les mondes oublieux.
J'illumine Uranus, je réchauffe Saturne,
Et je remets du feu dans les astres ; mon urne
Reverse un flot d'aurore aux fontaines du jour ;
Je suis la folle auguste ayant au front l'amour ;
Je suis par les soleils formidables baisée ;
Si je rencontre en route une lune épuisée,
Je la rallume, et l'ombre a ce flambeau de plus ;
L'océan étoilé me roule en ses reflux ;
Sur tous les globes, nés au fond des étendues,
Il est de sombres mers que je gonfle éperdues ;

J'éveille du chaos le rut démesuré ;
Voici l'épouse en feu qui vient! L'astre effaré,
Regarde à son zénith, à travers la nuée,
L'impudeur de ma robe immense dénouée ;
De mes accouplements l'espace est ébloui ;
Dès qu'un gouffre me veut, j'accours et je dis : Oui !
Je passe d'Allioth à Sirius ; ma bouche
Se colle au triple front d'Aldebaran farouche ;
Et je me prostitue à l'infini, sachant
Que je suis la semence et que l'ombre est le champ ;
De là des mondes ; Dieu m'approuve quand j'ébauche
Une création que tu nommes débauche.
Celle qui lie entr'eux les univers, c'est moi ;
Sans moi, l'isolement hideux serait la loi ;
Étoiles, on verrait de monstrueux désastres ;
L'infini subirait l'égoïsme des astres ;
Partout la nuit, la mort et le deuil, augmentés
Par la farouche horreur de vos virginités.
J'empêche l'effrayant célibat de l'abîme.
Je suis du pouls divin le battement sublime ;
Mon trajet, à la fois idéal et réel,
Marque l'artère énorme et profonde du ciel ;
Vous êtes la lumière et moi je suis la flamme ;
Dieu me fit de son cœur et vous fit de son âme ;
O mes sœurs, nous versons toutes de la clarté,
Étant, vous l'harmonie, et moi la liberté.

XXV

LES MONTAGNES

DÉSINTÉRESSEMENT

Le Mont-Blanc que cent monts entourent de leur chaîne,
Comme dans les bouleaux le formidable chêne,
Comme Samson parmi les enfants d'Amalec,
Comme la grande pierre au centre du cromlech,
Apparaît au milieu des Alpes qu'il encombre ;
Et les monts, froncement du globe, relief sombre
De la terre pétrie au pied de Jéhova,
Croûte qu'en se dressant quelque satan creva,
L'admirent, fiers sommets que la tempête arrose.
   Grand! dit le Mont-Géant. — Et beau! dit le Mont-Rose.

Et tous, Cervin, Combin, le Pilate fumant
Qui sonne tout entier comme un grand instrument,
Tant les troupeaux le soir l'emplissent de clarines,
Titlis soufflant l'orage au vent de ses narines,
Le Baken qui chassa Gessler, et le Rigi
Par qui plus d'ouragan sur le lac a rugi,
Pelvoux tout enivré de la senteur des sauges,
Cenis qui voit l'Isère, Albis qui voit les Vosges,
Morcle à la double dent, Dru noir comme un bourreau,
L'Orteler, et la Vierge immense, la Jungfrau
Qui ne livre son front qu'aux baisers des étoiles,
Schwitz tendant ses glaciers comme de blanches toiles,
Le haut Mythen, clocher de la cloche Aquilon,
Tous, du lac au chalet, de l'abîme au vallon,
Roulant la nue aux cieux et le bloc aux morènes,
Aiguilles, pics de neige et cimes souveraines,
Autour du puissant mont chantent, chœur monstrueux :
— C'est lui ! le pâtre blanc des monts tumultueux !
Il nous protége tous et tous il nous dépasse ;
Il est l'enchantement splendide de l'espace ;
Ses rocs sont épopée et ses vallons roman ;
Il mêle un argent sombre aux moires du Léman ;
L'Océan aurait peur sous ses hautes falaises,
Et ses brins d'herbe sont plus fiers que nos mélèzes ;
Il nous éclaire après que l'astre s'est couché ;
Dans le brun crépuscule il apparaît penché,
Et l'on croit de Titan voir l'effrayante larve ;
Il tresse le bleu Rhône aux cheveux d'or de l'Arve ;

Sa cime, pour savoir lequel a plus d'amour
Et quel est le plus grand du regard ou du jour,
Confronte le soleil avec le gypaëte;
La nuit quand il se dresse, énorme silhouette,
Croit voir un monde sombre éclore à l'horizon;
Il est superbe, il a la glace et le gazon;
L'archange à son sommet vient aiguiser son glaive;
Il a, comme son dogue, à ses pieds le Salève;
Il tisse, âpre fileur, les brouillards pluvieux;
Sa tiare surgit sur nos fronts envieux;
Ses pins sont les plus verts, sa neige est la plus blanche;
Il tient dans une main la colombe Avalanche
Et dans l'autre le vaste et fauve aigle Ouragan;
Il tire du fourreau, comme son yataghan,
La tourmente, et les lacs tremblent sous sa fumée;
Il plonge au bloc des nuits l'éclair, scie enflammée;
L'immensité le baise et le prend pour amant;
Une mer de cristal, d'azur, de diamant,
Crinière de glaçons digne du lion Pôle,
Tombe, effrayant manteau, de sa farouche épaule;
Ses précipices font reculer les chamois;
Sur son versant sublime il a les douze mois;
Il est plus haut, plus pur, plus grand que nous ne sommes;
Et nous l'insulterions si nous étions des hommes.

XXVI

LE TEMPLE

LE TEMPLE

Joie à la terre, et paix à celui qui contemple !
Écoutez, vous ferez sur la montagne un temple,
Et vous le bâtirez la nuit pour que jamais
On ne sache qui l'a placé sur ces sommets ;
Vous le ferez, ainsi l'ordonne le prophète,
Du toit aux fondements et de la base au faîte,

Avec des blocs mis l'un sur l'autre simplement,
Et ce temple, construit de roche sans ciment,
Sera presque aussi haut que toute la montagne.
Les forêts qu'un murmure éternel accompagne,
L'Océan qui bondit ainsi que les troupeaux
Et n'a point de fatigue et n'a point de repos,
Les monts sans tache, blancs comme les cœurs sans vice,
C'est tout ce que verront du seuil de l'édifice
Les hommes qui viendront par cent chemins divers ;
Car vous aurez compris qu'il faut que l'univers
Ait autour de ce temple une grave attitude.
Et vous l'aurez bâti dans une solitude
Afin qu'il soit tranquille, et pour que l'horizon
Convienne à cette auguste et farouche maison.
Et les hommes, pasteurs, apôtres, patriarches,
Regarderont le temple, et monteront les marches,
Et sous la haute porte ils baisseront le front.
Quand ils seront entrés, voici ce qu'ils verront :

Au-dessous d'une voûte en granit, située
Si haut qu'il semblera qu'elle est dans la nuée,
Entre quatre grands murs nus et prodigieux,
Dans une ombre où partout on sentira des yeux,
Tout au fond d'une crypte obscure, une statue
Se dressera, d'un voile insondable vêtue,
Et de la tête aux pieds ce voile descendra ;
Et, plus que sur Isis, et plus que sur Indra,

Plus que sur le Sina, plus que sur le Calvaire,
Les ténèbres seront sur ce spectre sévère,
Colosse par une âme inconnue habité ;
Et l'on n'en verra rien que son énormité.
La figure sera haute de cent coudées,
Et d'un seul bloc ; jamais les Indes, les Chaldées,
Et les sculpteurs d'Égypte ayant l'énigme en eux,
N'auront rien maçonné de plus vertigineux.
Nul ne pourra lever le voile aux plis de pierre.
Personne ne saura s'il est une paupière
Pouvant s'ouvrir, un œil pouvant verser des pleurs,
Sous ce masque, et s'il est quelqu'un sous les ampleurs
De ce suaire aux yeux humains inabordable ;
Et tous contempleront l'Ignoré formidable.
Pourtant on sentira que ce spectre n'est pas
La haine, le glacier, le tombeau, le trépas ;
Qu'il semble un spectre, étant sous le plus lourd des voiles,
Mais que ce noir linceul peut-être est plein d'étoiles ;
On sentira qu'il aime, et que l'on est devant
Le seul être, le seul esprit, le seul vivant.
Grands, petits, faibles, forts, le géant et l'atome,
Sentiront l'univers présent dans ce fantôme ;
D'une peur confiante envahis par degrés,
Ils seront effrayés et seront rassurés ;
Le vieillard et l'enfant, l'ignorant et le mage,
Frémissants, comprendront qu'ils sont devant l'image
De la Réalité suprême, et qu'en ce lieu
Jéhova, Jupiter et Brahma pèsent peu ;

Que là s'évanouit tout dogme et toute bible,
Et que rien n'est méchant, quoique tout soit terrible.

Oui, terrible, mais bon; formidable, mais doux.
Dans ce temple, payens, chrétiens, parsis, indous,
Tous ceux, fakir, santon, rabbin, flamine, bonze,
Qu'une religion tient dans sa main de bronze,
Sentiront cette main s'ouvrir et les lâcher.

Le ciel; de l'idéal pétri dans du rocher,
On ne sait quoi de tendre au fond de cette pierre,
Une forme de nuit debout sur la frontière
De l'inconnu, muette et rigide, et pourtant
D'accord avec le monde immense palpitant,
L'âme qui fait tout naître et sur qui tout se fonde,
Voilà ce que ce temple, en son ombre profonde,
Fera vaguement voir à ceux qui passeront.
Les autres temples, faits de ce qui se corrompt,
Bâtis avec l'erreur, la démence et la fable,
Faux et vains, et faisant bégayer l'ineffable,
Autels que la raison en montant submergea,
Se seront écroulés depuis longtemps déjà
Au vaste ébranlement du genre humain en marche;
Mais celui-ci, n'ayant point de koran, point d'arche,
Point de prêtres, aucun pontife, aucun menteur,
Entouré de l'abîme et seul sur la hauteur,

Demeurera debout sur la terre où nous sommes,
Et ne craindra pas plus le passage des hommes
Que l'étoile ne craint le vol des alcyons.

Il n'expliquera point au cœur les passions,
A l'esprit le problème, et la tombe à la vie;
Mais il fera germer chez tous l'ardente envie
De monter, de grandir, et de voir au delà.
Où? Plus loin. Le zénith que Thalès contempla,
Les constellations, ces effrayants fulgores,
Que regardaient errer les pâles Pythagores,
Les orbes de la vie obscure entre-croisés,
La science qui cherche et dit : Jamais assez!
Ne contesteront point ce temple, et, dans l'espace,
Par tout le gouffre et par toute l'ombre qui passe
Il sera vénéré, n'ayant point ici-bas
Aggravé par l'erreur nos douleurs, nos combats,
Nos deuils, et n'ayant point de reproche à se faire,

Sous l'âpre voûte ayant la rondeur d'une sphère,
La statue, impassible et voilée, aura l'air
De rêver, attentive aux forêts, à la mer,
Aux germes, à l'azur, aux nuages, aux astres;
Pas de frises aux toits; aux murs pas de pilastres;
Le granit nu qu'aucun ornement n'interrompt;
Et, rien ne remuant, les hommes trembleront;

Et les méchants seront mal à l'aise; et les justes,
Et les bons, et tous ceux dont les cœurs sont augustes,
Les sages, les penseurs, sentiront le plein jour
Sur leur âme, leur foi, leur espoir, leur amour,
Comme sous le regard d'une énorme prunelle.

Derrière la statue, une lampe éternelle
Brûlera, comme un feu dans l'antre aux visions,
Et, cachant le foyer, montrera les rayons
De façon à lui mettre une aurore autour d'elle,
Pour enseigner au peuple ému, grave et fidèle,
Que cette énigme est bien une divinité,
Et que si c'est la nuit c'est aussi la clarté.
Le colosse sera noir sur cette auréole;
Et nul souffle, nul vent d'orage, nul éole
Ne fera vaciller l'immobile lueur.
Les sages essuieront à leur front la sueur
Et sentiront l'horreur sacrée en leurs vertèbres,
Devant cette splendeur sortant de ces ténèbres,
Et comprendront que l'Être ignoré, mais certain,
Brille, étant le lever de l'éternel matin,
Et pourtant reste obscur, car aucune envergure,
Aucun esprit ne peut saisir cette figure;
Il est sans fin, sans fond, sans repos, sans sommeil.
Et pour être Mystère il n'est pas moins Soleil.

XXVII

A L'HOMME

A L'HOMME

*

Si tu vas devant toi pour aller devant toi,
C'est bien ; l'homme se meut, et c'est là son emploi ;
C'est en errant ainsi, c'est en jetant la sonde
Qu'Euler trouve une loi, que Colomb trouve un monde.
Mais, rêvant l'absolu, si c'est Dieu que tu veux
Prendre comme on prendrait un fuyard aux cheveux,

Si tu prétends aller jusqu'à la fin des choses,
Et là, debout devant cette cause des causes,
Uranus des païens, Sabaoth des chrétiens,
Dire : — Réalité terrible, je te tiens ! —
Tu perds ta peine.

*

Ajuste, ô fils quelconque d'Ève,
N'importe quel calcul à n'importe quel rêve,
Ajoute à l'hypothèse une lunette, et mets
Des chiffres l'un sur l'autre à couvrir les sommets
De l'Athos, du Mont-Blanc farouche, du Vésuve,
Monte sur le cratère ou plonge dans la cuve,
Fouille, creuse, escalade, envole-toi, descends,
Fais faire par Gambey des verres grossissants,
Guette, plane avec l'aigle ou rampe avec le crabe,
Crois tout, doute de tout, apprends l'hébreu, l'arabe,
Le chinois, sois indou, grec, bouddhiste, arien,
Va, tu ne saisiras l'extrémité de rien.
Poursuivre le réel, c'est chercher l'introuvable.

Le réel, ce fond vrai d'où sort toute la fable,
C'est la nature en fuite à jamais dans la nuit.
Le télescope au fond du ciel noir la poursuit,
Le microscope court dans l'abîme après elle ;
Elle est inaccessible, imprenable, éternelle,
Et n'est pas moins énorme en dessous qu'en dessus.
Des aspects effrayants sont partout aperçus ;
Le spectre vibrion vaut le soleil fantôme ;
Un monde plus profond que l'astre, c'est l'atome ;
Quand, sous l'œil des penseurs, l'infiniment petit
Sur l'infiniment grand se pose, il l'engloutit ;
Puis l'infiniment grand remonte et le submerge.
Mère terrifiante et formidable vierge,
Multipliant son jour par son obscurité
Et sa maternité par sa virginité,
Chaste, obscène, et montrant aux mornes Pythagores
Son ventre ténébreux d'où sortent les aurores,
La nature fatale engendre éperdûment
Des chaos d'où jaillit cette loi, l'élément.
Elle est le haut, le bas, l'immense ombre, l'aïeule ;
Toute sa foule étant elle-même, elle est seule ;
Monde, elle est la nature ; âme, on l'appelle Dieu.
Tout être, quel qu'il soit, du gouffre est le milieu ;
Pas de sortie et pas d'entrée ; aucune porte ;
On est là. — C'est pourquoi le chercheur triste avorte ;
C'est pourquoi le ciel juif succède au ciel romain ;
C'est pourquoi ce songeur épars, le genre humain,
Entend à chaque instant vagir de nouveaux cultes ;

C'est pourquoi l'homme, en proie à tant de noirs tumultes,
Rêve, et tâte l'espace, et veut un point d'appui,
Ayant peur de la nuit tragique autour de lui ;
C'est pourquoi le messie est chassé par l'apôtre ;
C'est pourquoi l'on a vu crouler, l'un après l'autre,
Ayant tous fait fléchir aux peuples le genou,
Brahma, Dagon, Baal, Odin, Allah, Vishnou.
L'idolâtrie échoue. Elle est, sur tout abîme,
Et dans tous les bas-fonds, le même essai sublime
Et la même chimère inutile, créant
Toujours le même Dieu pour le même néant.

*

Il est pourtant, ce Dieu. Mais sous son triple voile,
La lunette avançant fait reculer l'étoile.
C'est une sainte loi que ce recul profond.
Les hommes en travail sont grands des pas qu'ils font ;
Leur destination, c'est d'aller, portant l'arche ;
Ce n'est pas de toucher le but, c'est d'être en marche ;
Et cette marche, avec l'infini pour flambeau,

XXVIII

ABIME

ABIME

L'HOMME.

Je suis l'esprit, vivant au sein des choses mortes.
Je sais forger les clefs quand on ferme les portes;
Je fais vers le désert reculer le lion;
Je m'appelle Bacchus, Noé, Deucalion;
Je m'appelle Shakspeare, Annibal, César, Dante;

Je suis le conquérant ; je tiens l'épée ardente,
Et j'entre, épouvantant l'ombre que je poursuis,
Dans toutes les terreurs et dans toutes les nuits.
Je suis Platon, je vois ; je suis Newton, je trouve :
Du hibou je fais naître Athène, et de la louve
Rome ; et l'aigle m'a dit : Toi, marche le premier !
J'ai Christ dans mon sépulcre et Job sur mon fumier ;
Je vis ! dans mes deux mains je porte en équilibre
L'âme et la chair ; je suis l'homme enfin, maître et libre !
Je suis l'antique Adam ! j'aime, je sais, je sens ;
J'ai pris l'arbre de vie entre mes poings puissants ;
Joyeux, je le secoue au-dessus de ma tête,
Et, comme si j'étais le vent de la tempête,
J'agite ses rameaux d'oranges d'or chargés,
Et je crie : — Accourez, peuples ! prenez, mangez !
Et je fais sur leurs fronts tomber toutes les pommes ;
Car, science, pour moi, pour mes fils, pour les hommes,
Ta séve à flots descend des cieux pleins de bonté,
Car la Vie est ton fruit, racine Éternité !
Et tout germe, et tout croît, et, fournaise agrandie,
Comme en une forêt court le rouge incendie,
Le beau Progrès vermeil, l'œil sur l'azur fixé,
Marche, et tout en marchant dévore le passé.
Je veux, tout obéit, la matière inflexible
Cède ; je suis égal presque au grand Invisible ;
Coteaux, je fais le vin comme lui fait le miel ;
Je lâche comme lui des globes dans le ciel.
Je me fais un palais de ce qui fut ma geôle ;

Sera continuée au delà du tombeau.
C'est le progrès. Jamais l'homme ne se repose,
Et l'on cherche une idole, et l'on trouve autre chose.
Cherchez l'Ame ; elle échappe ; allez, allez toujours !

*

Teutatès, Mahomet, Jésus, les antres sourds,
Les forêts, le druide et le mage, et ces folles
Augustes, qu'Apollon emplissait de paroles,
Et les temples du sang des génisses fumants,
N'arrivent qu'à des cris et qu'à des bégaiements.
L'à peu près, c'est la fin de toute idolâtrie.
La vérité ne sort que difforme et meurtrie
De l'effort d'engendrer, et quel que soit l'œil fier
Du fœtus d'aujourd'hui sur l'embryon d'hier,
Quelque mépris qu'Orphée inspire à Chrysostome,
Quel que soit le dédain du koran pour le psaume,
Et quoi que Jéhova tente après Jupiter,
Quoi que fasse Jean Huss accouchant de Luther,
Quoi qu'affirme l'autel, quoi que chante le prêtre,

Jamais le dernier mot, le grand mot, ne peut être
Dit, dans cette ombre énorme où le ciel se défend,
Par la religion, toujours en mal d'enfant.

—

C'est parce que je roule en moi ces choses sombres,
C'est parce que je vois l'aube dans les décombres,
Sur les trônes le mal, sur les autels la nuit,
C'est parce que, sondant ce qui s'évanouit,
Bravant tout ce qui règne, aimant tout ce qui souffre,
J'interroge l'abîme, étant moi-même gouffre ;
C'est parce que je suis parfois, mage inclément,
Sachant que la clarté trompe et que le bruit ment,
Tenté de reprocher aux cieux visionnaires
Leur crachement d'éclairs et leur toux de tonnerres ;
C'est parce que mon cœur, qui cherche son chemin,
N'accepte le divin qu'autant qu'il est humain ;
C'est à cause de tous ces songes formidables
Que je m'en vais, sinistre, aux lieux inabordables,
Au bord des mers, au haut des monts, au fond des bois.
Là, j'entends mieux crier l'âme humaine aux abois ;
Là je suis pénétré plus avant par l'idée
Terrible, et cependant de rayons inondée.

Méditer, c'est le grand devoir mystérieux ;
Les rêves dans nos cœurs s'ouvrent comme des yeux ;
Je rêve et je médite ; et c'est pourquoi j'habite,
Comme celui qui guette une lueur subite,
Le désert, et non pas les villes ; c'est pourquoi,
Sauvage serviteur du droit contre la loi,
Laissant derrière moi les molles cités pleines
De femmes et de fleurs qui mêlent leurs haleines,
Et les palais remplis de rires, de festins,
De danses, de plaisirs, de feux jamais éteints,
Je fuis, et je préfère à toute cette fête
La rive du torrent farouche, où le prophète
Vient boire dans le creux de sa main en été
Pendant que le lion boit de l'autre côté.

ARCTURUS.

Moi, j'ai quatre soleils tournants, quadruple enfer,
Et leurs quatre rayons ne font qu'un seul éclair.

LA COMÈTE.

Place à l'oiseau comète, effroi des nuits profondes!
Je passe. Frissonnez! Chacun de vous, ô mondes,
O soleils! n'est pour moi qu'un grain de sénevé!

SEPTENTRION.

Un bras mystérieux me tient toujours levé;
Je suis le chandelier à sept branches du pôle.
Comme des fantassins le glaive sur l'épaule,
Mes feux veillent au bord du vide où tout finit;
Les univers semés du nadir au zénith,
Sous tous les équateurs et sous tous les tropiques,
Disent entr'eux : — On voit la pointe de leurs piques ;
Ce sont les noirs gardiens du pôle monstrueux. —
L'éther ténébreux, plein de globes tortueux,
Ne sait pas qui je suis, et dans la nuit vermeille
Il me guette, pendant que moi, clarté, je veille.

Il me voit m'avancer, moi l'immense éclaireur,
Se dresse, et, frémissant, écoute avec horreur
S'il n'entend pas marcher mes chevaux invisibles.
Il me jette des noms sauvages et terribles,
Et voit en moi la bête errante dans les cieux.
Or nous sommes le nord, les lumières, les yeux,
Sept yeux vivants, ayant des soleils pour prunelles,
Les éternels flambeaux des ombres éternelles.
Je suis Septentrion qui sur vous apparaît.
Sirius avec tous ses globes ne serait
Pas même une étincelle en ma moindre fournaise.
Entre deux de mes feux cent mondes sont à l'aise.
J'habite sur la nuit les radieux sommets.
Les comètes de braise elles-mêmes jamais
N'oseraient effleurer des flammes de leurs queues
Le chariot roulant dans les profondeurs bleues.
Cet astre qui parlait je ne l'aperçois pas.
Les étoiles des cieux vont et viennent là-bas,
Traînant leurs sphères d'or et leurs lunes fidèles,
Et, si je me mettais en marche au milieu d'elles
Dans les champs de l'éther à ma splendeur soumis,
Ma roue écraserait tous ces soleils fourmis !

LE ZODIAQUE.

Qu'est-ce donc que ta roue à côté de la mienne ?
De quelque point du ciel que la lumière vienne,

ABIME.

Elle se heurte à moi qui suis le cabestan
De l'abîme, et qui dis aux soleils : Toi, va-t'en !
Toi, reviens. C'est ton tour. Toi, sors. Je te renvoie !
Car je n'existe pas seulement pour qu'on voie
A jamais, dans l'azur farouche et flamboyant,
Le Taureau, le Bélier et le Lion, fuyant
Devant ce monstrueux chasseur, le Sagittaire,
Je plonge un seau profond dans le puits du mystère,
Et je suis le rouage énorme d'où descend
L'ordre invisible au fond du gouffre éblouissant.
Ciel sacré, si des yeux pouvaient avoir entrée
Dans ton prodige, et dans l'horreur démesurée,
Peut-être, en l'engrenage où je suis, verrait-on,
Comme l'Ixion noir d'un divin Phlégéton,
Quelque effrayant damné, quelque immense âme en peine,
Recommençant sans cesse une ascension vaine,
Et, pour l'astre qui vient quittant l'astre qui fuit,
Monter les échelons sinistres de la nuit !

LA VOIE LACTÉE.

Millions, millions, et millions d'étoiles !
Je suis, dans l'ombre affreuse et sous les sacrés voiles,
La splendide forêt des constellations.
C'est moi qui suis l'amas des yeux et des rayons,
L'épaisseur inouïe et morne des lumières.

Encor tout débordant des effluves premières,
Mon éclatant abîme est votre source à tous.
O les astres d'en bas, je suis si loin de vous
Que mon vaste archipel de splendeurs immobiles,
Que mon tas de soleils n'est, pour vos yeux débiles,
Au fond du ciel, désert lugubre où meurt le bruit,
Qu'un peu de cendre rouge éparse dans la nuit!
Mais, ô globes rampants et lourds, quelle épouvante
Pour qui pénétrerait dans ma lueur vivante,
Pour qui verrait de près mon nuage vermeil!
Chaque point est un astre et chaque astre un soleil.
Autant d'astres, autant d'immensités étranges,
Diverses, s'approchant des démons ou des anges,
Dont les planètes font autant de nations;
Un groupe d'univers, en proie aux passions,
Tourne autour de chacun de mes soleils de flammes;
Dans chaque humanité sont des cœurs et des âmes,
Miroirs profonds ouverts à l'œil universel,
Dans chaque cœur l'amour, dans chaque âme le ciel!
Tout cela naît, meurt, croît, décroît, se multiplie.
La lumière en regorge et l'ombre en est remplie.
Dans le gouffre sous moi, de mon aube éblouis,
Globes, grains de lumière au loin épanouis,
Toi, zodiaque, vous, comètes éperdues,
Tremblants, vous traversez les blêmes étendues,
Et vos bruits sont pareils à de vagues clairons,
Et j'ai plus de soleils que vous de moucherons.
Mon immensité vit, radieuse et féconde.

J'attache un fil vivant d'un pôle à l'autre pôle ;
Je fais voler l'esprit sur l'aile de l'éclair.
Je tends l'arc de Nemrod, le divin arc de fer,
Et la flèche qui siffle et la flèche qui vole
Et que j'envoie au bout du monde, est ma parole.
Je fais causer le Rhin, le Gange et l'Orégon
Comme trois voyageurs dans le même vagon.
La distance n'est plus. Du vieux géant Espace
J'ai fait un nain. Je vais, et, devant mon audace,
Les noirs titans jaloux lèvent leur front flétri ;
Prométhée, au Caucase enchaîné, pousse un cri,
Tout étonné de voir Franklin voler la foudre ;
Fulton, qu'un Jupiter eût mis jadis en poudre,
Monte Léviathan et traverse la mer ;
Galvani, calme, étreint la mort au rire amer ;
Volta prend dans ses mains le glaive de l'archange
Et le dissout ; le monde à ma voix tremble et change ;
Caïn meurt, l'avenir ressemble au jeune Abel ;
Je reconquiers Éden et j'achève Babel.
Rien sans moi. La nature ébauche ; je termine.
Terre, je suis ton roi.

LA TERRE.

Tu n'es que ma vermine.
Le sommeil, lourd besoin, la fièvre, feu subtil,

Le ventre abject, la faim, la soif, l'estomac vil,
T'accablent, noir passant, d'infirmités sans nombre,
Et, vieux, tu n'es qu'un spectre, et, mort, tu n'es qu'une ombre.
Tu t'en vas dans la cendre, et moi je reste au jour;
J'ai toujours le printemps, l'aube, les fleurs, l'amour;
Je suis plus jeune après des millions d'années.
J'emplis d'instincts rêveurs les bêtes étonnées.
Du gland je tire un chêne et le fruit du pepin.
Je me verse, urne sombre, au brin d'herbe, au sapin,
Au cep d'où sort la grappe, aux blés qui font les gerbes.
Se tenant par la main, comme des sœurs superbes,
Sur ma face où s'épand l'ombre, où le rayon luit,
Les douze heures du jour, les douze heures de nuit
Dansent incessamment une ronde sacrée.
Je suis source et chaos; j'ensevelis, je crée.
Quand le matin naquit dans l'azur, j'étais là.
Vésuve est mon usine, et ma forge est l'Hékla;
Je rougis de l'Etna les hautes cheminées.
En remuant Cuzco, j'émeus les Pyrénées.
J'ai pour esclave un astre; alors que vient le soir
Sur un de mes côtés jetant un voile noir,
J'ai ma lampe : la lune au front humain m'éclaire;
Et si quelque assassin, dans un bois séculaire,
Vers l'ombre la plus sûre et le plus âpre lieu
S'enfuit, je le poursuis de ce masque de feu.
Je peuple l'air, la flamme et l'onde; et mon haleine
Fait, comme l'oiseau-mouche, éclore la baleine;
Comme je fais le ver, j'enfante les typhons.

Globe vivant, je suis vêtu des flots profonds,
Des forêts et des monts ainsi que d'une armure.

SATURNE.

Qu'est-ce que cette voix chétive qui murmure?
Terre, à quoi bon tourner dans ton champ si borné,
Grain de sable, d'un grain de cendre accompagné?
Moi dans l'immense azur je trace un cercle énorme;
L'espace avec terreur voit ma beauté difforme;
Mon anneau, qui des nuits empourpre la pâleur,
Comme les boules d'or que croise le jongleur,
Lance, mêle et retient sept lunes colossales.

LE SOLEIL.

Silence au fond des cieux, planètes, mes vassales!
Paix! Je suis le pasteur, vous êtes le bétail.
Comme deux chars de front passent sous un portail,
Dans mon moindre volcan Saturne avec la Terre
Entreraient sans toucher aux parois du cratère.
Chaos! je suis la loi. Fange! je suis le feu.
Contemplez-moi! Je suis la vie et le milieu,
Le Soleil, l'éternel orage de lumière.

SIRIUS.

J'entends parler l'atome. Allons, Soleil, poussière,
Tais-toi! Tais-toi, fantôme, espèce de clarté!
Pâtres dont le troupeau fuit dans l'immensité,
Globes obscurs, je suis moins hautain que vous n'êtes.
Te voilà-t-il pas fier, ô gardeur de planètes,
Pour sept ou huit moutons que tu pais dans l'azur!
Moi, j'emporte en mon orbe auguste, vaste et pur,
Mille sphères de feu dont la moindre a cent lunes.
Le sais-tu seulement, larve qui m'importunes?
Que me sert de briller auprès de ce néant?
L'astre nain ne voit pas même l'astre géant.

ALDEBARAN.

Sirius dort; je vis! C'est à peine s'il bouge.
J'ai trois soleils, l'un blanc, l'autre vert, l'autre rouge;
Centre d'un tourbillon de mondes effrénés,
Ils tournent, d'une chaîne invisible enchaînés,
Si vite, qu'on croit voir passer une flamme ivre,
Et que la foudre a dit : Je renonce à les suivre!

J'ignore par moments si le reste du monde,
Errant dans quelque coin du morne firmament,
Ne s'évanouit pas dans mon rayonnement.

LES NÉBULEUSES.

A qui parles-tu donc, flocon lointain qui passes?
A peine entendons-nous ta voix dans les espaces.
Nous ne te distinguons que comme un nimbe obscur
Au coin le plus perdu du plus nocturne azur.
Laisse-nous luire en paix, nous, blancheurs des ténèbres,
Mondes spectres éclos dans les chaos funèbres,
N'ayant ni pôle austral ni pôle boréal ;
Nous, les réalités vivant dans l'idéal,
Les univers, d'où sort l'immense essaim des rêves,
Dispersés dans l'éther, cet océan sans grèves
Dont le flot à son bord n'est jamais revenu ;
Nous les créations, îles de l'inconnu !

L'INFINI.

L'être multiple vit dans mon unité sombre.

DIEU.

Je n'aurais qu'à souffler, et tout serait de l'ombre.

TABLE

TABLE

DU TOME SECOND

XI

L'ÉPOPÉE DU VER

L'épopée du ver.................................... 3

XII

LE POËTE AU VER DE TERRE

Le poëte au ver de terre........................ 41

XIII

CLARTÉ D'AMES

Clarté d'ames... 45

XIV

LES CHUTES

Fleuves et poëtes... 53

XV

LE CYCLE PYRÉNÉEN

Gaïffer-Jorge, duc d'Aquitaine 59
Masferrer... 65

    i. Neuvième siècle. — Pyrénées..................... 65
    ii. Terreur des plaines............................ 67
    iii. Les hautes-terres............................. 71
    iv. Masferrer...................................... 74
    v. Le castillo..................................... 81
    vi. Une élection................................... 87
    vii. Les deux porte-sceptre........................ 91

La paternité.. 95

XVI

LA COMÈTE

La comète...... 111

XVII

CHANGEMENT D'HORIZON

Changement d'horizon........... 125

XVIII

LE GROUPE DES IDYLLES

    i. Orphée....................................... 131
   ii. Salomon..................... 132
  iii. Archiloque................................... 134
  iv. Aristophane.................................. 136
   v. Asclépiade.................................... 137
  vi. Théocrite.................................... 138
 vii. Bion 139
viii. Moschus...................................... 141
  ix. Virgile.... 143
   x. Catulle.:.................................... 145

xi.	Longus...	147
xii.	Dante..	148
xiii.	Pétrarque...	150
xiv.	Ronsard...	151
xv.	Shakespeare....................................	152
xvi.	Racan..	154
xvii.	Segrais..	155
xviii.	Voltaire...	157
xix.	Chaulieu..	159
xx.	Diderot...	160
xxi.	Beaumarchais..................................	163
xxii.	André Chénier..................................	164

L'IDYLLE DU VIEILLARD................................. 167

La voix d'un enfant d'un an..................... 167

XIX

TOUT LE PASSÉ ET TOUT L'AVENIR

Tout le passé et tout l'avenir........................ 175

I.	175
II.	204

XX

Un poëte est un monde.............................. 249

XXI

LE TEMPS PRÉSENT

La Vérité, lumière effrayée, astre en fuite...............	225
Tout était vision sous les ténébreux dômes.............	234
JEAN CHOUAN...................................	233
LE CIMETIÈRE D'EYLAU............................	239
1851. — CHOIX ENTRE DEUX PASSANTS.................	254
ÉCRIT EN EXIL..................................	255
LA COLÈRE DU BRONZE............................	257
FRANCE ET AME.................................	269
DÉNONCÉ A CELUI QUI CHASSA LES VENDEURS.........	273
LES ENTERREMENTS CIVILS........................	277
LE PRISONNIER.................................	281
APRÈS LES FOURCHES CAUDINES....................	287

XXII

L'ÉLÉGIE DES FLÉAUX

L'ÉLÉGIE DES FLÉAUX............................	293

XXIII

LES PETITS

GUERRE CIVILE..................................	317
PETIT PAUL.....................................	324

FONCTION DE L'ENFANT 325
QUESTION SOCIALE................................... 339

XXIV

LA-HAUT

LA-HAUT.. 346

XXV

LES MONTAGNES

DÉSINTÉRESSEMENT................................... 352

XXVI

LE TEMPLE

LE TEMPLE.. 357

XXVII

A L'HOMME

A L'HOMME.. 365

TABLE.

XXVIII

ABIME

Abime... 375

www.ingramcontent.com/pod-product-compliance
Lightning Source LLC
Chambersburg PA
CBHW052032230426
43671CB00011B/1622